Eva Lovrek

Reiki

Ein Weg in die Ganzheit des Lebens

APV

Erste Auflage 1996

Umschlagentwurf: Eva Lovrek

ISBN 3 901087 52 4
 Druck: Kure & Co, Wien.

Eva Lovrek

Reiki

Ein Weg in die Ganzheit des Lebens

ANNA PICHLER VERLAG

Dieses Buch widme ich meinen Reiki-Freunden und allen Menschen, die mehr Licht und Liebe in ihr Leben bringen wollen.

Mein besonderer Dank gilt meiner Tochter Nora – sie ist Reiki-Meisterin und Reiki-Lehrerin – für ihre Hilfe bei der Entstehung dieses Buches.

INHALT

Erst die
materielle und spirituelle
Weltbetrachtung
ergeben gemeinsam
ein umfassendes,
der wahren Größe der Wirklichkeit
näherkommendes Weltbild.

Vorwort

Viele Menschen, und es werden täglich mehr, werden sich ihrer tiefen innersten Sehnsucht nach mehr Spiritualität zunehmend bewußt. Mit diesem Buch möchte ich allen Mut machen, diese Sehnsucht auch zuzulassen und ernstzunehmen.

Es hat einen tiefen Sinn, daß der Wunsch nach spirituellen Erfahrungen gerade jetzt in uns so stark wird, daß er sich kaum mehr nicht beachten und zurückdrängen läßt.

Es ist auch kein Zufall, daß gerade auch du, lieber Leser, dieses Buch in deinen Händen hältst. Reiki, die universelle Lebensenergie möchte sich durch meine Worte vorstellen und mit dir bekannt werden.

Dieses Buch richtet sich an alle Menschen, die nach Lebenssinn und tieferen spirituellen Erfahrungen suchen und die harmonischer, gesünder und bewußter leben wollen.

So werde ich einerseits grundlegendes Wissen vermitteln aber auch andererseits eintauchen in die Tiefe und Weite dieser unerschöpflichen Kraft – und damit versuchen, dem Leser die wahre Bedeutung von Reiki für jeden einzelnen Menschen, aber auch für die gesamte Menschheit, spüren und erfahren zu lassen.

Reiki hat mich dazu geführt, dieses Buch zu schreiben. Reiki enttäuscht niemanden, schadet niemandem, zwingt niemanden zu etwas, wozu er noch nicht bereit ist und gibt doch die Geborgenheit und Hilfe, die jeder von uns braucht, um in Ruhe, Schritt für Schritt, den Weg zu sich selbst zu gehen, alle seine Fähigkeiten kennenzulernen und zu entfalten und damit der Ganzheit, Fülle und letztendlich Einheit allen Lebens näherzukommen.

Reiki - die Geschichte

Die Legende von Dr. Usui:

Es ist die geschichtliche Authentizität der Entstehung von Reiki nicht mehr nachvollziehbar und eindeutig nachzuweisen, weil diese Geschichte nur mündlich von der Großmeisterin Hawayo Takata (1900 - 1980) an ihre Schüler weitergegeben wurde. Dadurch entstanden mehrere, leicht voneinander abweichende Versionen. Wir werden daher wohl nie mehr herausfinden, welche Version die einzig Richtige ist.

Doch das ist auch nicht wirklich von Bedeutung. Es ist nur wichtig, daß Reiki - die universelle Lebensenergie und die Technik der energetischen Übertragung der Energie überhaupt - zu unser aller Wohl wiederentdeckt wurde.

Und das verdanken wir Dr. Mikao Usui, dem diese wahrscheinlich sehr alte Kunst der Energieübertragung Mitte des neunzehnten Jahrhunderts wieder enthüllt wurde. Dr. Usui war Leiter der christlichen Priesterschule in Kyoto.

Eines Tages wurde er von seinen Schülern gefragt, warum zu ihrer Priesterausbildung nicht auch das geistige Heilen durch Handauflegen gehöre. Es wäre doch überliefert, daß einige Heilige und besonders natürlich Jesus Christus solches vollbrachten.

Dr. Usui, der keine Antwort darauf wußte, war diese Frage so wichtig, daß er seine Position aufgab und sich auf die Suche nach einer Antwort und nach tieferem Wissen über den Gebrauch von heilenden Energien begab. Zunächst reiste er nach Amerika, wo er an der Universität Chicago zum Doktor der Theologie promovierte.

Doch auch dadurch kam er der Antwort des Heilen Könnens nicht näher. Er kehrte nach Japan zurück und studierte japanische und chinesische Texte. Außerdem erlernte er die altindische Sprache Sanskrit.

Nach langen Studienjahren entdeckte er eines Tages in den 2500 Jahre alten in Sanskrit verfaßten Buddhi-Sutren Symbole, die offenbar die Antwort auf die ihm vor vielen Jahren gestellte Frage enthielten. Er lebte zu dieser Zeit in einem Kloster nahe Kyoto und der Abt dieses Klosters riet ihm zu meditieren, damit sich ihm die Bedeutung der Zeichen offenbare.

So begab er sich zu dem 25 Kilometer entfernten Berg Kuriyama. Er fastete in dieser Bergeinsamkeit und legte 21 Steinchen auf den Boden. Täglich warf er ein Steinchen weg, fastete und meditierte drei Wochen lang. Er las in den Buddhi-Sutren und wartete auf ein Zeichen. Am letzten Tag sah er in der Morgendämmerung ein strahlendes Licht, das sich sehr schnell auf ihn zubewegte.

Es traf ihn in der Mitte der Stirn. Er hatte das Gefühl zu sterben und verlor vorübergehend sein Zeitgefühl.

Plötzlich erschienen die ihm bereits bekannten Sanskrit-Symbole in leuchtend goldenem Licht. Das war der Beginn des Usui–Systems von Reiki.

Als er in seinen normalen Bewußtseinszustand zurückkehrte, fühlte er sich voller Energie und begann den Abstieg von diesem heiligen Berg. Er verletzte sich an einer Zehe, hielt die Hand darauf und die Blutung kam sofort zum Stillstand, auch der Schmerz verging rasch.

Das war das erste Wunder.

Er kehrte in ein Gasthaus ein, das am Fuße des Berges lag und aß ein großes japanisches Frühstück, obwohl ihn der Wirt davor warnte, nach so langer Fastenzeit plötzlich so viel zu essen. Er verspürte aber nach dem reichlichen Mahl keinerlei negative Folgen.

Das war das zweite Wunder.

Die Tochter des Wirtes litt an starken Zahnschmerzen. Dr. Usui legte die Hände auf die schmerzende Stelle und das Mädchen fühlte, wie die Schmerzen verschwanden.

Das war das dritte Wunder.

Nun kehrte er in sein Kloster zurück, beschloß aber bald, nach Kyoto zu gehen um dort den Bettlern zu helfen, ein besseres Leben zu beginnen. Er blieb sieben Jahre lang, aber die Bettler fielen immer wieder in ihr altes Verhalten zurück. Sie wollten kein neues Leben beginnen, sondern das ihnen bekannte und vertraute Bettlerleben weiterführen.

Da erkannte Dr. Usui, daß er vergessen hatte, ihnen eine innere geistige Haltung zu vermitteln.

Während einer tiefen Meditation wurden ihm die fünf geistigen Lebensregeln vermittelt, die er seitdem immer im Zusammenhang mit Reiki lehrte.

Es begann ein neuer Abschnitt in Dr. Mikao Usuis Leben. Er hielt Vorträge, lehrte Reiki und weihte schließlich einige fortgeschrittene Schüler ein.

Einer dieser Schüler war Dr. Chijiro Hayashi, der bis zum Jahre 1940 eine eigene Klinik in Tokio leitete.

Dieser wieder weihte Frau Hawayo Takata 1936 in den ersten und zweiten Grad von Reiki ein. Sie erhielt den dritten, den Großmeistergrad, im Jahre 1938. Seit damals lebte sie auf Hawaii. Sie weihte 22 Großmeister ein und gab eben diese Entstehungsgeschichte von Reiki an ihre Schüler mündlich weiter.

Seither hat sich Reiki erstaunlich rasch in der ganzen Welt verbreitet, und es wird glücklicherweise zunehmend leichter, einem Reiki-Lehrer zu begegnen!

Gegen Ende der achtziger Jahre wurde das Großmeistertum offiziell von der letzten Großmeisterin Phyllis Lei Furomoto aufgelöst und das Einweihen aller Grade, auch des Meister- und Lehrergrades, in die Hände der einzelnen Reiki-Lehrer selbst gelegt.

Anfang

Morgen
beginnt ein neuer Tag.
Es könnte ein Tag
voll Harmonie,
voll Liebe
und Frieden werden.

Es wird der Tag sein,
den du dir erschaffen wirst.

Eine Übersicht über den Weg

Wie von Dr. Mikao Usui überliefert und an seine Schüler weitergegeben, führt der Weg zum Reiki-Meister und Reiki-Lehrer über vier Stufen oder Grade.

Reiki kann nur von einem dazu berechtigten Reiki-Lehrer in vier Stufen in meist zwei bis drei Tage dauernden Seminaren weitergegeben werden. Für jeden Grad wird ein entsprechendes Seminar angeboten. Jeder Reikigrad wird nur einmal gemacht, und damit bleibt die Verbindung zu Reiki ein Leben lang erhalten.

Reiki-Lehrer bieten ihre Seminare oft in spirituellen oder esoterischen Zeitschriften an. Auch hier gilt der Satz: „Wenn der Schüler bereit dazu ist, wird ihm der für ihn richtige Lehrer begegnen."

Reiki 1 – der erste Grad

Alle Menschen haben natürlicherweise einen inneren Kanal für das Einströmen der universellen Lebensenergie. In jedem von uns fließt diese Kraft, sonst wären wir nicht lebendig. Durch unser oft hektisches, naturfernes Leben ist uns dieser Energiefluß meist nicht mehr bewußt und der innere Kanal ist oft verschüttet.

Der Reiki-Lehrer reinigt und aktiviert in vier Einstimmungsritualen oder Einweihungen diesen inneren Kanal. Die Energien können nun verstärkt in uns einströmen und sie werden auch fühlbar stärker aus unseren Händen fließen. Das wurde übrigens schon durch die Technik der Kirlianphotographie[1] bewiesen.

In diesem Seminar erlernt man die wichtigsten Positionen, wo man die Hände auflegen kann. Reiki läßt aber auch den Raum, der eigenen Intuition zu folgen. Es ist ratsam, sich am Anfang an die Positionen zu halten. Später wirst du spüren, wo und wie lange du deine Hände auflegen sollst – „Gehe mit deinen Händen dorthin, wo es dich hinzieht."

Nun kann man bereits sich selbst, Verwandten und Freunden, aber auch Tieren und Pflanzen Reiki geben. Das hat eine reinigende, stärkende, harmonisierende Wirkung auf Körper, Seele und Geist!

Reiki 2 – der zweite Grad

Im Seminar für Reiki 2 macht dich der Reiki-Lehrer mit den ersten drei der vier Reikisymbole und den dazugehörigen Mantras bekannt.

Dein Lehrer stimmt oder weiht dich in jedes Symbol ein, dadurch wird der Fluß der Energie noch einmal verstärkt. Diese Symbole werden, um sie vor Mißbrauch und man-

---

1 Den russischen Wissenschaftlern Semjon und Valentina Kirlian ist es gelungen, die feinstoffliche Ausstrahlung von Pflanzen, Tieren und Menschen durch Hochfrequenzphotographie sichtbar zu machen.

gelndem Respekt vor ihrer Kraft zu schützen, nur mündlich vom Lehrer zum Schüler weitergegeben und dürfen nicht veröffentlicht werden.

In diesem zweiten Seminar lernt der Reiki-Schüler mit Hilfe der drei Symbole und den Mantras Energie zu „schicken". Das heißt, nun ist es möglich, Reiki auch über große Entfernungen zu Menschen oder Tieren zu senden, die diese Energie wünschen und brauchen.

Reiki 3 – der Meistergrad

Im Meisterseminar, das meistens drei Tage dauert, bekommt der Schüler, der als Voraussetzung bereits den zweiten Grad gemacht haben und sich auch schon intensiv mit der universellen Lebensenergie beschäftigt hat, dann, wenn er selbst und der Lehrer es für richtig hält, das Meistersymbol, das Mantra und das dazugehörige Ritual der Einweihung.

Das Symbol fördert die persönliche und globale Transformation und es bringt hohe spirituelle Energie auf die materielle Ebene.

Reiki 4 – vierter Grad oder der Lehrergrad

In diesem Seminar erhält man vom Reiki-Lehrer das Wissen und die nötige Übung, um selbst die Rituale der Einweihung am Reiki-Schüler vorzunehmen. Als Voraussetzung für den Lehrergrad muß der Meistergrad gemacht worden sein.

Man lernt, den inneren Reiki-Kanal der Schüler zu öffnen, zu reinigen und zu aktivieren und kann nun die wunderbare Reiki-Kraft selbst weitergeben.

Nach jedem Reiki-Grad wird deine Schwingungsfrequenz erhöht, das löst eine mehr oder weniger starke Reinigungsphase aus. Diese Zeit der Reinigung dauert nach jedem Grad etwa einundzwanzig Tage. Diese Reinigung bezieht sich, da Reiki ganzheitlich wirkt, auf Körper, Geist und Seele. Blockaden können sich lösen, verdrängte Gefühle, die wir noch nicht verarbeitet haben, können an die Oberfläche kommen. Körperlich sollten wir diese Reinigung durch reichliches Trinken unterstützen.

Damit wollte ich dem an Reiki interessierten Leser eine übersichtliche Grundinformation über den Weg, Reiki zu erhalten, geben.

In den folgenden Kapiteln werden wir noch Genaueres über die einzelnen Grade erfahren, außer über den Lehrergrad, denn der Vorgang der energetischen Einweihung wird nur vom Lehrer zum Meisterschüler ganz persönlich weitergegeben und kann in einem Buch nicht erklärt und beschrieben werden.

Wir werden jedoch auf die Wirkung von Reiki näher eingehen und uns dabei immer mehr und immer tiefer auf Reiki einlassen.

Reiki - ein Geschenk?

An dieser Stelle ist es notwendig auf eine immer wieder gestellte Frage einzugehen: Warum sind Reikiseminare relativ teuer? Natürlich ist Reiki als unerschöpfliche Lebensenergie einfach da; kostenlos durchströmt sie uns und läßt uns lebendig sein.

Wofür man bezahlt, ist die Zeit, der Aufwand, die Mühe und die Vorbereitung, die der Reiki-Lehrer oder die Reiki-Lehrerin diesem Seminar widmet, um es möglichst schön zu gestalten. Dafür bezahlen wir und das ist auch völlig in Ordnung so. Es wird auch jedes Seminar nur einmal besucht, und wir bleiben damit unser Leben lang mit Reiki verbunden.

Der Reiki-Lehrer ist derjenige, der die verschlossene Tür mit dem schon etwas verrosteten Schloß, hinter der das Geschenk Reiki für uns bereit liegt, durch seine Kenntnisse aufschließt und die Tür für uns öffnet. Dafür und nur dafür bezahlen wir. Niemand findet etwas dabei, einen Schlosser zu bezahlen, der eine „wirkliche" Tür, deren Schlüssel wir verlegt oder verloren haben, für uns fachmännisch aufschließt. Jeder wird froh sein, daß die Tür offen ist und er wieder dort hinein kann, wo er sein möchte. Wir müssen uns einfach davon lösen, alles nur einseitig materiell zu sehen. Ob eine echte, sichtbare, oder eine geistige, unsichtbare Tür geöffnet wird, macht im Prinzip überhaupt keinen Unterschied.

Es ist gut und richtig, wenn die Seminare etwas kosten. Doch was wir in diesen Seminaren bekommen, nämlich den Zugang zu Reiki, der damit ein Leben lang für uns offen bleibt, ist und bleibt ein Geschenk des Universums. Es ist in Wahrheit unbezahlbar!

Wie wir wissen, lag die Ausbildung ursprünglich in den Händen einiger weniger Großmeister. Sie dauerte oft viele Jahre und verlangte aktive Mitarbeit von den Schülern. Nachdem die Ausbildung von der letzten Großmeisterin 1988 freigegeben wurde, trägt jeder jetzt tätige Reiki-Lehrer eine sehr große Verantwortung. Viele Reiki-Lehrer arbeiten und lehren nach dem traditionellen Usui-System. Sie sind an ihren relativ hohen Preisen, aber auch an der Dauer und Qualität der von ihnen angebotenen Seminare zu erkennen. Ein guter Reiki-Lehrer berät den Schüler, ob er für den zweiten, den Meister- oder Lehrergrad innerlich bereit ist und achtet darauf, daß mit jedem Grad genügend Erfahrung gesammelt wird, bevor der nächste Schritt zugelassen wird. In einem guten Seminar gibt es außer den energetischen Einweihungen eine Einführung in die Geschichte und, besonders wichtig: ausführliche Erläuterungen, praktische Übungen, Anwendung der Handpositionen für die Ganzkörper- und Teilbehandlungen, Notfallshilfe, eventuell Seminarunterlagen und die Empfehlung eines guten Reikibuches. Außerdem sollten Meditationen als Hilfe zur Selbstfindung angeboten werden. Vor allem soll man sich in einem gut geführten Seminar einfach wohl, angenommen und geborgen fühlen. Liebevolle Betreuung, ruhige Atmosphäre und das Eingehen auf individuelle Bedürfnisse und Fragen sollten selbstverständlich sein. Das sind kurz zusammengefaßt die äußeren Bedingungen für ein Reikiseminar, das besonders bereit und offen macht, die Reikikraft tief und innerlich zu erfahren.

Beachtet man diese Kriterien und sucht nicht nach manchmal auch schon angebotenen Billig- und Schnellseminaren, dann wird man sicher den genau richtigen Reiki-Lehrer finden. Die Entscheidung sollte immer auch intuitiv getroffen werden. Wenn spontane Sympathie da ist und man sich einfach gefühlsmäßig zu einem bestimmten Reiki-Lehrer hingezogen fühlt, dann wird diese Entscheidung richtig sein.

Alles
in der Schöpfung
strebt nach Reife.
In jeder Menschenseele
liegt
die Sehnsucht nach Vollendung.

Reiki – die geistigen Lebensregeln

Gerade heute
will ich dankbar sein.

Gerade heute
will ich mich nicht sorgen.

Gerade heute
will ich nicht zürnen.

Gerade heute
will ich redlich arbeiten.

Gerade heute
will ich alle Wesen.
lieben und achten.

Jeder, der ein Reikiseminar besucht, bekommt auch diese Lebensregeln. Diese sollen aber keine Moralvorschriften sein, sie sind eher Denkanstöße, die eigenen Einstellungen und Wertmaßstäbe zu hinterfragen und zu überdenken.

Machen wir uns dies zur Gewohnheit, werden wir viel bewußter leben und den kleineren und größeren Problemen, die das Leben für uns bereithält, gelassener begegnen können.

Es lohnt sich, in diese Lebensregeln immer wieder einzutauchen, sich ihnen zu stellen und ehrlich zu sich selbst zu sein: Sie sind ein Instrument zur tieferen Selbsterkenntnis.

Wie steht es mit meiner Dankbarkeit?

Öffne ich mich auch den kleinen Freuden des Lebens?

Bin ich dankbar für das Geschenk meines Lebens?

Wie gehe ich mit mir selbst und anderen um?

Denke ich positiv?

Die ehrliche Beantwortung dieser und ähnlicher Fragen, die jeder selbst finden kann, führt zu mehr Bewußtheit, zu einem Neubeginn, zu einer Belohnung in Form einer gewonnenen Erkenntnis.

Ich zeige an einem Beispiel, wie man mit den Lebensregeln an sich selbst arbeiten kann und soll.

„Gerade heute will ich mich nicht sorgen!"

Das „Gerade heute. . . " mit dem alle Sätze beginnen, ist sehr wichtig für uns, weil wir häufig Probleme mit Loslassen der Vergangenheit haben. Dabei verlieren und blockieren wir viel Energie, die wir gerade heute sehr gut brauchen könnten. Wir leben gerade heute - nicht in den vergangenen Jahren und auch nicht in den kommenden, sondern *jetzt,* in diesem Augenblick. Jeder Moment ist ein Neubeginn. Leider haben wir großteils verlernt, was jedes kleine Kind kann: in jedem Moment ganz da zu sein, voller Neugier, voller Lebensfreude und Spannung, was gerade dieser Augenblick uns bringt.

„... will ich mich nicht sorgen!"

Da könnte man sich überlegen, daß es ein Zeichen innerer Reife ist, auch einmal etwas einfach geschehen zu lassen, ohne gleich zu beurteilen, zu kritisieren oder sofort einzugreifen. Etwas zuzulassen, ist sehr schwer, wenn wir meinen, daß ein Fehler gemacht wird. Sind wir ehrlich zu uns selbst, müssen wir wohl alle zugeben, uns oft grundlos zu sorgen, aus Angst, aus mangelndem Vertrauen, oder weil jemand unsere Erwartungen nicht erfüllt und nicht nach unseren Vorstellungen lebt.

Dieser Satz lehrt uns, daß wir für unser Leben selbst verantwortlich sind. Wir haben das Recht, Fehler zu machen, daraus zu lernen oder auch nicht. So sollten wir unser Leben nach unseren eigenen Bedürfnissen gestalten.

Jede einzelne der Lebensregeln greift tief in unser ganz alltägliches Leben ein und kann dadurch zu bewußterem Verhalten führen.

„Gerade heute will ich alle Wesen lieben und achten!"

Denken wir doch nur einen Tag lang daran, wie viele lebendige Wesen während dieses einzigen Tages getötet oder gequält werden, nur um uns zu ernähren, zu bekleiden oder der wissenschaftlichen Forschungen wegen.

Dies soll nur eine Anregung sein, selbst tiefer in den Inhalt und Gehalt der Reiki-Lebensregeln einzutauchen. Es ist auch ratsam und gerade in schwierigen Zeiten hilfreich, die

Lebensregeln auf ein großes Blatt Papier zu schreiben und es gut sichtbar dort anzubringen, wo man mehrmals täglich vorbeigeht.

Auch, wenn sie nicht täglich gelesen werden, bringen sie mehr Bewußtheit, mehr Dankbarkeit und mehr Harmonie ins tägliche Leben. Es sind ja oft die kleinen Schritte, die unser Bewußtsein verändern.

Das tiefere Einlassen auf die Reiki-Lebensregeln ist solch ein, vielleicht scheinbar kleiner, aber doch wichtiger Schritt hin zu dem, was Reiki für uns bedeuten kann. Plötzlich bekommen kleine Geschehnisse einen tieferen Sinn. Zufälle sind keine willkürlichen Ereignisse mehr, sondern etwas, was uns nicht grundlos vom Leben zufällt. Alles, was uns geschieht, will uns etwas sagen. Es ist eine Botschaft, oft verschlüsselt, nicht leicht zu entziffern, aber eine Botschaft, die nur derjenige lesen kann, der sie bekommt.

Daß gerade du heute die Botschaft der Reiki-Lebensregeln liest, hat auch eine besondere Bedeutung für dich ganz persönlich. Es sind nur fünf kurze Sätze, aber wieviel haben sie uns zu sagen, wenn wir uns auf sie einlassen und ihnen wirklich zuhören.

Alles Leben strebt zum Licht
und alles Licht
zum Leben!

Reiki - ein Geben und Nehmen, der erste Grad

Was ist Reiki?

Das gesamte Universum ist von endloser, unerschöpflicher Energie erfüllt. Diese universelle Lebenskraft, die alles durchströmt und lebendig sein läßt, hat Dr. Mikao Usui *Reiki*[2] benannt.

Doch diese Energie war und ist vielen Völkern und alten Kulturen bekannt. Einige Beispiele dazu: In China heißt diese Kraft Chi, in Indien Prana-Energie, in der keltischen Überlieferung ist es die Od-Kraft. Alle diese Namen bezeichnen dieselbe Grundenergie, die natürlich zu verschiedenen Zeiten und in den verschiedenen Kulturkreisen in unterschiedlicher Art und Weise erschlossen und genutzt wurde.

Grundsätzlich haben alle Menschen die ganz natürliche Fähigkeit, Energie zu übertragen. Man muß aber zwischen dem Abgeben körpereigener Energien, die die eigenen Kräfte anzapfen und dem Übertragen kosmischer Energien un-

---

[2] Jap.: fließende, universelle Lebensenergie

terscheiden, die die eigenen Kräfte beim Geben noch stärken.

Beim Geben von Reiki fließt kosmische, universelle Lebensenergie durch den inneren Kanal und strömt fühlbar aus den Händen. Das Besondere daran ist, je öfter und je mehr Reiki wir geben, desto stärker wird die Kraft in uns und durch uns fließen.

Im Seminar für den ersten Grad Reiki wird der innere Kanal für den Fluß der Energie in vier Einweihungen gereinigt. Der Energie Gebende hat keinen Einfluß darauf, wieviel Reiki der Nehmende bekommt. Dieser nimmt sich einfach soviel Energie, wie er in der momentanen Situation braucht. Es wird immer in der genau richtigen Menge gegeben und genommen. Dadurch kann man nichts falsch machen!

Es ist ein Geben und Nehmen, ein wunderschönes Erlebnis, das durch Düfte, Räucherstäbchen und meditative Musik unterstützt werden kann und soll.

Hast du den ersten Grad Reiki, solltest du zuerst an dich selbst denken und dir so oft wie möglich mit den im Seminar erlernten Handpositionen Reiki geben. Aber du hast auch die Möglichkeit, deiner eigenen Intuition zu folgen. Fühle einfach, wo dir Reiki besonders guttut, mache deine eigenen Erfahrungen. Reiki gibt dir diesen Freiraum, ganz du selbst zu sein! Wenn wir uns selbst Reiki geben, nehmen wir uns an und tun uns etwas Gutes. Dabei erfahren wir, daß wir zuerst uns selbst lieben müssen, um auch Liebe geben zu können.

Reiki geben wird oft auch als *Liebe geben* und *Reiki nehmen* oft auch als *Liebe annehmen* empfunden.

Denken wir an die Worte von Jesus, der mit den Händen geheilt hat: „Liebe deinen Nächsten wie dich selbst".

Als Abschluß dieses Kapitels möchte ich als tiefe Verbindung zwischen den Religionen eine Weisheit von Buddha anführen. Sie sagt uns, daß wir bei aller Verschiedenheit der Umhüllungen der Religionen und spirituellen Lehren tief innen doch immer dieselben Wahrheiten finden.

„Wenn dein Mitgefühl dich nicht einschließt, dann ist es unvollständig!"

Reiki kennt keine Grenzen – der zweite Grad

Nachdem du einige Zeit Erfahrungen mit der Reiki-Kraft gemacht hast, kann es sein, daß es dich drängt, den zweiten Grad Reiki zu erwerben. Dieser heißt auf japanisch *Oku Den,* das bedeutet: das tiefere Wissen. Die universelle Lebensenergie gibt jedem die Freiheit, seinem eigenen Rhythmus zu folgen. Vielen Reiki-Freunden genügen längere Zeit hindurch die Möglichkeiten des ersten Grades, andere wieder wollen möglichst schnell den zweiten Reiki-Grad machen. Es gibt keine starren Regeln, nur individuelle Entscheidungen, die am besten nach einem Gespräch mit dem Reiki-Lehrer getroffen werden.

Vor dem zweiten Grad sollte aber auf jeden Fall einige Zeit mit dem ersten Grad verbracht worden sein, so daß der Umgang mit dieser Energie schon vertraut ist.

Dein Reiki-Lehrer wird dich in diesem zweiten Seminar mit den ersten drei von insgesamt vier Reiki-Symbolen bekanntmachen und dir die dazugehörigen energetischen Einweihungen geben. Mit diesem Wissen bekommt der Schüler die Möglichkeit, Reiki über Zeit und Raum hinweg dorthin zu schicken, wo Energie gewünscht und gebraucht wird.

Liegt der Schwerpunkt des ersten Grades auf der direkten Hinwendung zu sich selbst und erst in zweiter Linie zu anderen, so erweitern sich die Möglichkeiten des zweiten Grades über alle Grenzen hinaus. Durch die Einweihungen verwandeln sich die Reiki-Symbole zu Schlüsseln, mit deren Hilfe wir Raum und Zeit überwinden können.

Eines möchte ich deutlich machen: Die Symbole und Mantras des zweiten Grades wirken erst dann, wenn sie energetisch durch die Einweihungen auf den einzelnen Schüler übertragen werden. Die Kenntnis der Symbole allein genügt nicht, um ihre Kraft für die Energieübertragung zu nützen.

Die Möglichkeiten eines zweiten Grades können im Laufe eines menschlichen Lebens kaum ausgeschöpft werden. Es werden sich immer neue Dimensionen erschließen, die nur jeder selbst erfahren kann, weil sie sehr individuell erlebt werden und daher im Rahmen dieses Buches nicht beschrieben werden können.

Das erste Symbol ist ein Kraftsymbol und verstärkt den Fluß der Energie. Es wird zum Reinigen von Räumen verwendet, zum Schutz, um den Geschmack von Wasser und Nahrungsmitteln zu verbessern, um Bilder oder Briefe zu energetisieren. Außerdem verstärkt es die Kraft des direkten Handauflegens. Wir können es überall anwenden, wo Energie fehlt und dringend benötigt wird.

Das zweite Symbol hat eine ausgleichende, harmonisierende Wirkung. Es kann überall verwendet werden, wo etwas aus dem Gleichgewicht geraten ist. In ihm ist eine ruhige, heilende und liebende Schwingung. Es löst tiefe Blokkaden, heilt seelische Verletzungen, „entzündete Situationen" und beruhigt unseren Verstand. Es hilft uns, loszulassen, uns geborgen zu fühlen und dem Fluß des Lebens mehr zu vertrauen.

Das dritte Symbol überwindet Zeit und Raum und stellt den Kontakt bei der Fernbehandlung her. Es unterstützt die Qualität unseres dritten Auges (des sechsten Chakras[3]), erweitert die Begrenzung unserer sinnlichen Wahrnehmungen und eröffnet uns die Kraft und Schönheit der spirituellen Welten.

Um diese geistigen Welten zu erfahren, haben sich immer wieder zu allen Zeiten und in allen Kulturkreisen Menschen oft viele Jahre lang der Meditation und dem einsamen Leben gewidmet. Sie mußten lange Zeit an der Reinigung ihrer Energiebahnen und an der Entfaltung der Spiritualität arbeiten. Sie führten schwierige Körperübungen aus, übten Handhaltungen, lebten enthaltsam, um spirituelle Erfahrungen zu machen.

Es ist wunderbar und ein Geschenk des Universums, daß es dank der Wiederentdeckung von Reiki heute einfacher geworden ist, sich dieser Energie bewußt zu werden. Damit ist auch der Zugang zu spirituellen Erfahrungen leichter geworden.

Jeder, der mit den Reiki-Symbolen des zweiten Grades umgeht, sollte ihnen zutiefst dankbar sein und sie mit Respekt und Achtsamkeit behandeln.

An dieser Stelle möchte ich alle Menschen, die sich mit Reiki beschäftigen, bitten, vor und nach einer Behandlung

---

[3] Behandlung im folgenden Kapitel.

ein kleines Dankritual zu vollziehen. Das sollte zu einer selbstverständlichen Gewohnheit werden und zwar bei jeder Anwendung und Verwendung von Reiki.

Im nächsten Kapitel gehe ich noch näher auf die tiefere Bedeutung und Wirkung dieser Rituale ein, und wir werden uns auch mit anderen Begriffen, die wir im Zusammenhang mit Reiki näher kennenlernen sollten, beschäftigen.

Reiki, die Lebensenergie

Die Kraft der kosmischen Energie
ist unendlich und unerschöpflich.
Sie bewegt das Universum,
läßt alles schwingen,
tanzen, sich drehen,
lebendig sein!

Sie bewegt auch uns,
läßt unsere Herzen schlagen,
lieben, fühlen,
lebendig sein.

Sie strahlt uns aus jeder Blüte entgegen,
aus jedem Lebewesen,
aus jedem Lächeln,
und sie leuchtet aus jedem Stern.
Nichts und alles ist nah,
alles und nichts ist fern!

Symbole, Rituale, Chakren

Zeichen, Klänge und bestimmte Bewegungsabläufe, die unsere tiefsten Gefühlsebenen ansprechen, gibt es wahrscheinlich seit es Menschen gibt. Das ist unsere angeborene, archaische Sprache, die wir auch heute noch alle intuitiv verstehen.

Dennoch, unsere sehr stark intellektuell ausgeprägte Weltsicht tut sich schwer, Symbole, Mantras und Rituale zu begreifen. Es gibt da keinen rationalen Zugang, keinen dem logischen Denken erkennbaren Sinn. Daher gibt es keine wissenschaftlichen Beweise, wie und warum Symbole und Rituale auf uns Menschen wirken. Doch die in uns allen auch liegende jahrtausendealte Menschheitserfahrung erkennt diese Sprache auf einer sehr tiefen Bewußtseinsebene.

Reiki wirkt in unserer rationalen, die linke Gehirnhälfte überbewertenden Zeit stärker auf die nur Bilder, Laute, Klänge und Bewegungen verstehende rechte Gehirnhälfte. Die besondere Energiequalität, welche die Form und der Klang des jeweiligen Symbols ausstrahlt, wird in der rechten Gehirnhälfte unmittelbar und intuitiv verstanden. Damit entsteht ein „inneres Wissen“, was jedes Symbol allgemein ausdrückt, aber auch, was es gerade uns ganz persönlich sagen möchte.

Ebenso wirken Rituale. Rituale sind in Handlungen ausgedrückte Symbole. Auch das sind für unseren Intellekt unverständliche Bewegungsabläufe, die eine Energie aussenden, die wir ausschließlich auf unserer Gefühlsebene verstehen.

Unsere rechte Gehirnhälfte ist eine Empfangsstation für das Nichtlogische, für Bilder, Klänge und für die Körpersprache. Sie empfängt ausgesendete Energiequalitäten und läßt sie uns als Empfindungen erfahren. Diese Gefühle sind ebenso wahr und richtig wie die Fähigkeiten der linken Gehirnhälfte, logisch zu denken.

Es ist wichtig, vor und nach dem Reiki-Geben ein kleines Ritual abzuhalten. Man kann es selbst erfinden, oder mit dem Reiki-Lehrer besprechen, der sicher ein schon erprobtes, wirksames Ritual empfehlen kann. Das bewirkt eine noch stärkere gefühlsmäßige Verbindung mit der Reiki-Energie. Es richtet die Aufmerksamkeit auf das, was jetzt kommt, oder vertieft noch einmal die Bedeutung dessen, was eben stattgefunden hat. Außerdem öffnet es uns, macht uns noch empfänglicher für Reiki auf einer sehr tiefen Ebene unseres Seins.

Zur besonderen Beachtung:

Ein Ritual sollte immer deutlich eingeleitet werden, mit den gleichen Lauten und Gesten und ebenso deutlich abgeschlossen werden. Man kann auch ein nur dafür bestimmtes Kleidungsstück tragen, Kerzen anzünden oder einen bestimmten Kristall mit einbeziehen. Auch da sind die Intuition und die eigene Kreativität gefordert.

Dadurch wird Geben und Nehmen von Reiki aus dem Alltag herausgehoben. Man spürt, es geschieht etwas, das eine besondere Bedeutung für jeden von uns hat. Außerdem macht es ganz einfach Spaß, Rituale abzuhalten und mit Freunden gemeinsam Reiki auszutauschen. Es ist etwas so ganz anderes als wir sonst gewohnt sind zu tun. Und diese außergewöhnliche Atmosphäre macht Freude und tut einfach gut!

Reiki berührt etwas in uns, das man mit Worten schwer beschreiben kann. Man muß es selbst erfahren und fühlen!

Schon im ersten Reikiseminar lernt der Schüler die Aura des Menschen kennen. Das ist seine individuelle, ihn umgebende Energieausstrahlung.

Die Beschaffenheit der Aura sagt viel über unseren momentanen geistigen, seelischen und körperlichen Gesamtzustand aus. Es gab und gibt immer wieder Menschen, die die Aura in ihrer Farbqualität sehen können. Heute versucht man bereits, mit Spezialkameras die Aura zu fotografieren und damit einer Deutung leichter zugänglich zu machen.

Die eigene Aura kann man als eine sich etwas dichter anfühlende Luftschicht, die den Körper umgibt, spüren. Manche Menschen erfahren sie wie ein warmes, den Körper umspülendes Luftmeer. Je sensibler man wird - Reiki unterstützt diesen Prozeß sehr - desto mehr wird die eigene, aber beim Reiki-Geben besonders auch die Aura des anderen, erfühlt und gespürt. Diese Wahrnehmungen, die sich mit der Zeit verstärken können, sind zwar sehr individuell, doch alle, die sich mit Reiki beschäftigen, bekommen mit Sicherheit ein immer besseres „Gespür" dafür.

Dunkle Flecken oder leere Stellen – sogenannte Löcher – in der Aura zeigen bereits bestehende oder nahende Krankheiten an. Chronische Leiden, Depression oder auch besondere Lebenskrisen zeigen sich als besonders dunkle Aura mit stumpfen Farben. Eine Aura mit leuchtenden, hellen Farben zeigt körperliche, geistige und seelische Gesundheit und Stabilität. Auch eine gereifte Spiritualität zeigt sich als schimmernde, klare Ausstrahlung der Aura. Wir spüren diese Ausstrahlung als besonderes Charisma!

Es empfiehlt sich, sich öfter die eigene Aura ganz bewußt als vollständig vorzustellen. Sie sollte besonders auch um die Füße herum bis zur Hüfte hinauf stark und strahlend sein.

Wenn wir viel mit Reiki arbeiten, ist es besonders wichtig, uns selbst gut zu erden. Stellen wir uns vor, daß die Kräfte der Erde in unsere Füße einströmen und dadurch eine ständige, lebendige Verbindung zwischen uns und den Energien der Erde besteht.

Auch jede Reiki-Behandlung wird mit dem Erden, das heißt, mit dem Auflegen der Hände auf die Füße des Reiki-Nehmenden beendet.

Beim Reiki-Schicken mit dem zweiten Grad wird mit dem entsprechenden Symbol gedanklich geerdet. Dann wird, wie am Beginn so auch am Ende jeder Reiki-Gabe, die Aura dreimal geglättet. Ganz zum Schluß wird der sogenannte Energieaufstrich vom Wurzel-Chakra mit der Hand Richtung Stirn ausgeführt. Das ist der deutliche, belebend wirkende Schlußstrich jeder Reiki-Gabe.

Die Chakren sind zentrale Punkte unseres Energiesystems. Das Wort Chakra kommt aus dem altindischen Sanskrit und bedeutet Rad. Chakren sind sich drehende, farbige Energiewirbel, die in bestimmten Qualitäten schwingen und in unsere Aura strahlen.

Ich gebe jetzt eine kurze Beschreibung der sieben Hauptchakren; es gibt auch Nebenchakren in den Handflächen und auf den Fußsohlen.

Erstes Chakra: Wurzel- oder Basis-Chakra

Lage: Unterhalb des Steißbeins zwischen Anus und Geschlechtsorganen.

Dieses Chakra schwingt in der Farbe Rot.

Es ist der Sitz der Überlebenskraft, des Kampfes, der Flucht und der Sexualität als Mittel zur Arterhaltung.

Thema: Körperlicher Ausdruck des Lebens.

Zweites Chakra: Sexual- oder Sakral-Chakra

Lage: Über dem Schambein in der Körpermitte.

Dieses Chakra schwingt in der Farbe Orange.

Es ist der Sitz der Sexualität als Ausdruck von Lebensfreude, Erotik und Beziehungsfähigkeit.

Thema: Der schöpferische Ausdruck des Lebens.

Drittes Chakra: Zentrum der Macht, Solarplexus-Chakra

Lage: Solarplexus - über dem Nabel in der Körpermitte.

Dieses Energiezentrum schwingt in der Farbe Gelb.

Es ist unsere Körpermitte; von dort ausgehend werden die physischen Energien verteilt und Emotionen verspürt. Dort ist der Sitz unseres Durchsetzungswillens und unseres Triebes nach Selbstbehauptung.

Thema: Die Gestaltung des Lebens.

Viertes Chakra: Liebeszentum, Herz-Chakra

Lage: In der Mitte des Brustbeins

Dieses Chakra schwingt in der Farbe Rosa, umgeben von einem grünen Strahlenkranz.

Es ist der Sitz unserer Fähigkeiten zur Toleranz, zum Mitgefühl und zur Liebe.

Thema: Hingabe zum Leben.

Dieses Chakra verbindet die drei tieferen, deshalb nicht weniger wichtigen, mit den drei höheren Chakren.

Fünftes Chakra: Selbstausdruckszentrum, Hals-Chakra

Lage: Vor dem Kehlkopf.

Es schwingt in der Farbe Hellblau.

Dort ist der Sitz unserer Kommunikationsfähigkeit, der Selbstverwirklichung, der Inspiration, der Intuition und der Kreativität.

Thema: Selbstausdruck des Lebens.

Sechstes Chakra: Drittes Auge, Stirn-Chakra

Lage: In der Mitte der Stirn, etwas über den Augenbrauen.

Es schwingt in den Farben Dunkelblau bis Violett.

Dort ist der Sitz der außersinnlichen Wahrnehmung, Hellsehen, Hellhören, telepathischer Fähigkeiten etc.

Thema: Erkenntnisfähigkeit durch das Leben, Entwicklung der inneren Sinne.

Siebentes Chakra: Zentrum des allumfassenden Bewußtseins, Kronen-Chakra

Lage: Über dem Scheitel.

Es schwingt in reinem Weiß und/oder Gold.

Thema: Erleuchtung.

Der goldene Strahlenkranz, den wir als Heiligenschein aus religiösen Darstellungen kennen, ist das Leuchten des vollentwickelten Kronen-Chakras. Dieser Mensch hat all seine Anlagen voll entfaltet und hat das eigentliche Ziel der Menschwerdung, die gottgewollte Vollendung und damit die Erleuchtung, erreicht.

Schon im ersten Reikiseminar erlernt man die Handpositionen, um den Fluß der Energien in den Chakren zu harmonisieren, so daß sie möglichst gleichmäßig schwingen.

Mit Reiki kann man den Chakren, die zu wenig Energie haben, Kraft zuführen. Aber ebenso zuviel Energie in einzelnen Chakren umverteilen, so daß sich durch das Lösen energetischer Blockaden mehr und dauerhaftes Gleichgewicht einstellen kann.

Beim Reiki-Geben allgemein und beim Chakren-Ausgleich im besonderen kann ein Wärmegefühl beim Geben entstehen. Dies zeigt, daß viel Energie eingezogen wird. Ein Kältegefühl zeigt, daß hier starke Blockaden bestehen. Diese

Stellen oder Chakren sollten öfter behandelt werden. Manchmal ist auch das Gefühl des Klebens an einer Stelle da. Das bedeutet, hier wird besonders viel Energie gebraucht. Die Hände werden dann so lange dort liegengelassen, bis dieses Gefühl abklingt.

Beim Chakren-Ausgleich fühlt man mit der Zeit mit den Händen, wenn sich energetisches Gleichgewicht einstellt. Dadurch wird der ganze Mensch zunehmend auf allen Ebenen harmonischer und damit gelöster. Das wirkt sich auch körperlich sehr positiv aus: die Haltung wird besser, Verkrampfungen und muskuläre Verspannungen können sich lösen.

Die Chakren-Arbeit mit Reiki kann man durch regelmäßige Chakren-Meditationen oder einfache Heilmeditationen sehr unterstützen.

Eine in der Praxis erprobte Methode: Jedes Chakra – beim Wurzel-Chakra beginnend – mit der Farbe Gold reinigen, sozusagen geistig absaugen und dann, wenn das Gefühl der Reinheit da ist, die jeweilige Chakra-Farbe visualisieren und bewußt einströmen lassen. Man kann sich diese Farbe auch als leuchtenden Lichtstrahl vorstellen, der das jeweilige Chakra mit seiner Energie ganz erfüllt. Zusätzlich kann man einen farblich passenden Stein auf jedes Chakra legen. Den Stein für das Wurzel-Chakra zwischen die Füße, den für das Kronen-Chakra über den Scheitel. Diese Meditation mit Steinen macht man deshalb am besten im Liegen. Ansonsten kann man auch die normale Schneidersitzhaltung einnehmen. Doch auch da ist immer das eigene Gefühl maßgebend; man soll sich einfach gut damit fühlen.

Die Chakren-Meditation beruhigt die ewig kreisenden Gedanken und erhebt zugleich geistig. Sie schärft die Aufmerksamkeit für spirituelle Bilder und Botschaften, die dann leichter zu uns durchdringen können.

Als Abschluß der Visualisierung der Chakra-Farben können wir mit unseren Reiki-Händen noch einen Chakren-Ausgleich machen und/oder schon während der Meditation durch Auflegen der Hände auf das jeweilige Chakra die Reinigungsfarbe Gold und das Einfließen des Farbstrahles direkt aus unseren Händen erfolgen lassen. Das Harmonisieren der Chakren ist sehr wichtig. Alle Chakren sollen offen, entwickelt und leuchtend sein und harmonisch miteinander funktionieren; dann sind wir ausgeglichen und gelassen und werden diese Harmonie auch auf unsere Umgebung ausstrahlen können.

Die sogenannten drei unteren Chakren sind sozusagen unser festes irdisches Fundament, und damit ist ihr gutes Funktionieren die Grundlage unseres körperlichen und emotionalen Wohlbefindens.

Das Herz-Chakra ist die Verbindung, das Tor zwischen den unteren erdhaften und den oberen spirituellen Chakren. Deshalb hat es für uns eine im wahrsten Sinne des Wortes zentrale Bedeutung. Lassen wir oft ein leuchtendes Rosa oder manchmal auch Grün oder Gold in dieses Chakra fließen, wird sich unsere Liebesfähigkeit steigern.

Sich nur auf die Öffnung und Entwicklung der höheren, geistigeren Chakren zu konzentrieren, halte ich für falsch, obwohl diese Tendenz bei manchen Menschen zu beobachten ist. Ohne an einer starken Grundlage zu arbeiten und ohne ausreichende Erdung kann es zum Abgehobensein, zu Labilität und damit zu Schwierigkeiten, das ganz alltägliche Leben zu meistern, kommen. Vergessen wir daher nie unsere tiefe Verbindung mit der Mutter Erde und pflegen wir sie sehr bewußt. Stehen wir selbst mit beiden Füßen auf dem Boden, dann haben wir die nötige Kraft und Stabilität, auch schwierige Phasen unseres Lebens zu bewältigen. Gut geerdet leben wir in der Gegenwart. Zwar nehmen wir sowohl die Zukunft als auch die Vergangenheit wahr, doch ohne uns zu stark darauf zu konzentrieren. Dadurch haben wir alle notwendigen Energien zur Verfügung, um bewußt im Hier und Jetzt zu leben.

Wir sind dazu geschaffen, um uns während unseres Aufenthaltes auf der Erde eben zwischen ihr und dem Himmel über uns zu bewegen. Das ist natürlich immer auch eine Gratwanderung, bei der man schon einmal abrutschen und auch abstürzen kann. Reiki bietet uns eine sichere Hilfe auf diesem Weg, um im nötigen Gleichgewicht zwischen erdhaft und spirituell zu bleiben und so sicher und ohne Angst Schritt für Schritt weitergehen zu können.

Leben ist Bewegung,
äußere Bewegung,
aber ebenso durch innere Bewegung
hervorgerufene Veränderung des Bewußtseins!

Was bewirkt Reiki?

Reiki wirkt auf Körper, Seele und Geist. Schon mit dem ersten Grad beginnt Reiki aus unseren Händen zu fließen, sobald wir die Reikikraft um ihre Tätigkeit bitten. Es würde aber auch genügen, unsere Aufmerksamkeit auf die universelle Lebensenergie zu richten. Es ist nur schöner und wirkungsvoller, wie im vorhergehenden Kapitel bereits erläutert, ein Bittritual und danach eine Danksagung an Reiki abzuhalten.

Reiki bewirkt beim Empfänger:

Eine tiefe Entspannung.

Eine Lösung vorhandener energetischer Blockaden – es kann zu Gefühlsreaktionen kommen.

Eine Reinigung aller Ebenen.

Eine Anhebung der Schwingungsfrequenz.

Eine Harmonisierung der körpereigenen Energien.

Reiki bewirkt beim Reiki-Gebenden:

Das Einströmen der Reiki-Energie durch das Scheitel-Chakra, dann in das Herz-Chakra und von dort über die Neben-Chakren der Hände zum Empfänger. Die oberen Chakren des Gebers erhalten dadurch ebenfalls vermehrt Reiki-Energie.

So wird - die erste besondere Wirkung - dem Gebenden während er gibt auch sofort Energie zugeführt. Es bekommen eigentlich beide das Geschenk Reiki, auch wenn wir polar denkenden Menschen die verschiedenen Positionen Geben und Nehmen nennen.

Die zweite ganz besondere Wirkung von Reiki ist die Förderung unseres energetischen Gleichgewichtes. Dabei steht die Stärkung unserer rechten Gehirnhälfte und damit die Entwicklung der in ihr angelegten Fähigkeiten im Vordergrund. Auf diese besondere Wirkung von Reiki wird im Kapitel „Was bedeutet Reiki für die Menschheit?“ noch besonders eingegangen.

Sind wir durch die regelmäßige Anwendung von Reiki energetisch ausgeglichener, sind unsere Chakren harmonisiert und voller Energie, wird automatisch auch unser Körper gesünder, stärker und vitaler. Reiki-Energie unterstützt die in uns natürlicherweise vorhandene Selbstheilungskraft und wirkt dadurch positiv auf unser heute besonders geforderte Immunsystem. Wir werden uns einfach wohler und lebendiger fühlen. Das ist eigentlich eine – allerdings sehr angenehme und erwünschte – Nebenwirkung von Reiki!

An dieser Stelle möchte ich ausdrücklich darauf hinweisen, bei jeder Art von Erkrankung immer einen qualifizierten Arzt aufzusuchen! Mit Reiki kann man alle Formen der Therapie zusätzlich unterstützen, weil es bei den energetischen Ursachen ansetzt. Diese oft schon länger andauernden Zustände der Blockaden und des Ungleichgewichts tragen dazu bei, körperliche Erkrankungen auszulösen. Man sollte allerdings keine übertriebenen Erwartungen an die manchmal etwas unrealistisch dargestellte Heilkraft von Reiki haben. Oft dauert es sehr lange, bis sich mehr Gleichgewicht und dadurch auch verbessertes körperliches Wohlbefinden im Energiesystem eines Menschen einstellt. Aber Reiki ist auch da voller Überraschungen. Die Wirkungen sind sehr individuell, es kann spontane Verbesserungen im körperlichen Bereich geben, erzwingen läßt sich da aber nichts!

Reikigrade zu haben heißt daher nicht, daß es keine Krankheiten, Rückschläge, Probleme und auch manchmal Zweifel mehr geben wird. Das wäre doch zu einfach und bequem. Die Arbeit an uns selbst, die Verantwortung für all unsere Handlungen, diese notwendigen Schritte bleiben niemandem erspart. Doch Reiki hilft uns dabei, mit all unseren Problemen gelassener umzugehen.

Nach und nach stellt sich eine ausgewogenere Lebensführung ein, und die Lebensqualität wird sich verbessern. Das Interesse an oberflächlichen Dingen und an allzuviel äußeren Reizen und Zerstreuungen wird geringer. Dadurch wird das Leben an Intensität und an Tiefgang gewinnen.

Es wird uns auch leichterfallen, die Botschaft, die jedes Problem, auf welcher Ebene es sich auch immer zeigt, für uns bereithält, zu hören, und diese Botschaft auch anzunehmen.Sie will uns auf etwas aufmerksam machen: auf etwas in uns selbst!

Mit Reiki werden Schwierigkeiten als Chancen erkannt, etwas Wichtiges über uns selbst zu erfahren. Um diese

Schwierigkeiten zu überwinden, werden wir all unsere Kräfte entfalten um daran zu wachsen und reifer zu werden.

Die dritte der besonderen Wirkungen von Reiki: Es unterstützt den Prozeß der Selbsterkenntnis! Dieser lebenslang andauernde Weg der Selbsterkenntnis bereitet die Möglichkeit der Gotteserkenntnis vor. Reiki, das selbst keine Religion ist und auch nicht dazu gemacht werden soll, bringt uns damit doch dem Göttlichen näher.

Nur dem, der offen ist,
wird etwas offenbart!

Reiki - ein offenes System

Reiki ist offen für jeden, unabhängig von Alter, Beruf, Rasse, Religion und Weltanschauung. Heute werden schon Reikikurse für Kinder angeboten. Kinder haben noch ein sehr direktes, unkompliziertes Verhältnis zur Lebensenergie. Sie sind sehr offen und nicht mit Vorstellungen und Erwartungen belastet wie die meisten Erwachsenen.

Für unsere durch Leistungsdruck, Reizüberflutung und negative Umwelteinflüsse oft überforderten Kinder ist Reiki eine Energie, die sich ihren Bedürfnissen anpaßt. Es genügt, sie in den ersten Grad einzuweihen, um sie ruhiger, konzentrierter und ausgeglichener zu machen. Kinder brauchen Reiki, weil es den Druck mildert, den unsere hochentwickelte Leistungsgesellschaft ihnen schon im Kleinkindalter auferlegt. Es gleicht auch hier aus.

Viele Kinder – die Lehrer wissen davon – sind unruhig und unkonzentriert. Zuviel stürmt in der Schule aber auch in der Freizeit auf sie ein. Es entsteht ein Ungleichgewicht im kindlichen Gehirn und damit im gesamten Energiesystem.

Kinder werden mit guten Anlagen in beiden Gehirnhälften geboren, doch unser Wertesystem unterdrückt die Fähigkeiten der rechten Gehirnhälfte und respektiert sie nicht genügend. Fast jedes Kind unseres westlichen Kulturkreises wird vom Säuglingsalter an einseitig erzogen, um möglichst seine intellektuellen Fähigkeiten zu entwickeln, damit es im Konkurrenzkampf des Lebens bestehen kann.

Da jedes Kind für seine Leistungen anerkannt und geliebt werden möchte, entwickelt es diese Fähigkeiten, für die es das ersehnte Lob erhält. Das Resultat ist oft ein gestörtes inneres Gleichgewicht, das sich eben in Überaktivität bis hin zur Aggression sich selbst und anderen gegenüber äußert.

Träumt ein Kind einmal vor sich hin, was sehr wichtig für sein Wohlbefinden wäre, wird es sofort gestört. Es wird aus seiner inneren Welt herausgerissen und zum Achtgeben, also wieder zur Aktivität, angehalten. Reiki in Verbindung mit einfachen Atemübungen und kurzen Meditationen könnte dieses Gleichgewicht wieder anstreben. Raum geben für das Innen, Zeit geben für Passivität. Das wäre ein wichtiger Schritt für die ganzheitliche Entwicklung unserer mit ganzheitlichen Anlagen geborenen Kinder.

Reiki ist auch im geistigen Sinne offen. Die Entwicklungen und Erfahrungen mit und durch Reiki sind niemals starr festgelegt. Es gibt kein eindeutiges Ziel, das man erreichen muß. Nur einen unendlichen Strom von Energie, von dem man sich tragen lassen kann und dabei genügend Zeit hat, ganz seinem eigenen Rhythmus zu folgen. Und so gibt Reiki jedem, der sich dazu hinwendet, das, was er gerade in diesem Augenblick seines Lebens bereit ist zuzulassen und was in der momentanen Situation das Richtige für ihn ist.

Das Wunderbare daran ist, daß eben alles offen ist und sich das, was gestern noch richtig war, bereits heute ändern kann und darf. Energien sind immer in Bewegung!

So entsteht durch die Hinwendung zu und in der Anwendung von Reiki eine lebendige, offene Entwicklung, immer wieder neu, immer wieder interessant. Dieser Weg geht auch für den Reiki-Meister oder Reiki-Lehrer ein Leben lang nicht zu Ende.

Da Reiki so offen ist und nichts und niemand ausgegrenzt wird, läßt es sich mit allen Systemen, die die Sinne und damit unsere Gefühlsebene ansprechen, sehr gut verbinden. Alles, was das innere Gleichgewicht stärkt, wird auch von Reiki unterstützt und umgekehrt. Es wird eine hilfreiche Wechselwirkung entstehen. Besonders empfehle ich die Methoden der Meditation und der Visualisierung. Das hilft, regelmäßig ausgeübt, unsere Selbstheilungskräfte anzuregen und wirkt, unterstützt von Reiki, sehr harmonisierend und führt zu innerer Ruhe.

Es gibt geführte Meditationen auf CD oder Kassette, aber man kann sich auch eine eigene Meditation auf Band sprechen, nur Musik auflegen oder ganz ohne alles einfach in die Stille gehen. Auch da rate ich zu Kreativität und zum sensiblen Hinspüren: Was tut mir gut? Wie fühle ich mich dabei? Welche Form der Meditation ist für mich im Augenblick die, die ich persönlich brauche? Wir können und sollen experimentieren, welche Methoden uns besonders ansprechen und zum Ausprobieren anregen.

Ebenfalls empfehle ich besonders in Kombination mit Reiki: Aura Soma-Essenzen, Pomander und Öle, Edelsteine und Kristalle, verschiedene Farbtherapien, Bach-Blüten,

Runen, Massage und Entspannungstechniken, Positive Affirmationen.

Mit Düften, Räucherstäbchen, Kerzen und natürlich der passenden Musik wird Reiki zu einem ganzheitlichen Erlebnis, in dem all unsere Sinne angeregt werden. Reiki ist an sich ein vollständiges System, das uns aber jede Möglichkeit gibt, es nach unseren eigenen Vorstellungen mit anderen Methoden zu kombinieren und immer wieder neu zu gestalten.

Ein Beispiel einer einfachen Heilmeditation, die du, wenn du einen Reikigrad hast, mit dem Auflegen der Hände dort, wo es dich besonders hinzieht, vertiefen kannst:

Ich bin ganz ruhig, vollkommen entspannt

Arme und Beine sind schwer.

Ich sinke ganz tief in den Boden, in einen Zustand vollkommener Ruhe.

Ich fühle mich von einem ruhigen, blauen Licht umgeben. Von diesem Licht strömt Ruhe und Geborgenheit aus.

Ich bin vollkommen geborgen.

Tief in der Mitte meines Körpers, leuchtet ein goldenes Licht.

Nun spüre ich, wie sich dieses Licht in mir ausbreitet.

Ich werde mehr und mehr vom goldenen, warmen Licht erfüllt.

Es reinigt und belebt jede Zelle meines Körpers.

Mehr und mehr erfüllt mich das goldene Licht.

Alles, was meine Seele und meinen Körper belastet, wird von dem warmen Licht verdrängt.

Ich fühle, wie alles Schwere, Belastende aus meinem Körper in die Erde fließt.

Ich bin erfüllt von goldenem Licht und bin ruhig und völlig entspannt.

Dann kehre mit deiner Aufmerksamkeit langsam wieder in deine Umgebung zurück.

Einige Beispiele für positive Affirmationen:

Ich nehme das Gute, das das Leben mir bringt, dankbar an.

Ich erkenne mich selbst an.

Ich verdiene Liebe und Anerkennung.

Ruhig und gelassen gehe ich durch mein Leben.

Ich nehme jeden Menschen so an wie er ist.

Ich bin voller Sicherheit und Selbstvertrauen.

Ich verzeihe mir und den anderen.

Ich liebe mich selbst so wie ich bin.

Ich wende mich anderen voller Liebe zu.

Solche positiven Affirmationen, durch längere Zeit hindurch immer wiederholt, führen zu mehr Selbstliebe, verändern das eigene Verhalten und damit auch das Verhalten der Menschen, denen man begegnet.

Es ist unrealistisch,
nur das für wahr und wirklich zu halten,
was unseren begrenzten Sinnen
zugänglich ist.

Die Eigendynamik von Reiki

Jeder, der länger Reiki ausübt, wird die Erfahrung machen, daß Reiki eine Eigendynamik besitzt, die von einer höheren Weisheit geprägt ist. Es geschieht immer etwas, wenn wir Reiki geben oder nehmen. Immer - nur oft geschieht etwas ganz anderes als wir eigentlich erwarten. Oder es geschieht etwas zu einem anderen Zeitpunkt als wir das annehmen. Darin ist die Aufforderung von Reiki an uns verborgen, unsere eigenen Vorstellungen und Erwartungen, was Reiki bewirken sollte, aufzugeben.

Wir sollen die Weisheit von Reiki anerkennen und uns in diese Energie vertrauensvoll fallenlassen in dem Wissen, daß wir sicher aufgefangen werden – und nicht immer etwas erwarten, nicht immer etwas wollen, nicht immer etwas sollen! Versuchen wir, Reiki einfach zuzulassen, uns darauf einzulassen und abzuwarten, was geschieht.

Wenn wir lernen, Reiki geschehen zu lassen, dann erkennen wir die Dynamik und die weitblickende Führung von Reiki immer deutlicher. Doch daran haben wir alle noch zu arbeiten, ob wir den ersten Grad oder den Meistergrad Reiki erworben haben.

Die Eigendynamik von Reiki ist immer wieder faszinierend und läßt uns dankbar erkennen, daß Reiki das Beste für uns will und auch bewirkt. Reiki ist nicht berechenbar.

Ein Beispiel: jemand will möglichst schnell möglichst viele spirituelle Erfahrungen machen, aber es tut sich nicht viel, sosehr er sich auch bemüht, und er ist ein wenig enttäuscht.

Reiki weiß es natürlich besser. Gerade diejenigen, die zuviel wollen, wird es langsam aber sicher führen, sie dabei Geduld und Vertrauen lehren, Eigenschaften, die sie vielleicht noch nicht genügend entwickelt haben. Auch wenn die Ungeduldigen es nicht wahrhaben möchten, läßt Reiki sie erst dann den nächsten Schritt machen, bis diese Eigenschaften gestärkt worden sind. Das ist nur ein Beispiel für die weise Eigendynamik von Reiki. Jeder einzelne wird nach seiner inneren Befindlichkeit geführt werden. Reiki weiß immer, was jedem von uns fehlt und was er in genau der Entwicklungsstufe, in der er sich gerade befindet, wirklich braucht.

Wenn Reikiseminare oder Austauschabende stattfinden, so ist das ein bißchen wie in einer heilen Familie, in der wir uns wohl fühlen und angenommen werden, so wie wir eben sind. In Reikigruppen gibt es keine hierarchischen Strukturen; alle sind gleichwertige Partner. Darin drückt sich die Botschaft aus, daß alle Menschen, welchen Weg sie auch immer bevorzugen, im Geist der Toleranz und Brüderlichkeit miteinander leben können. Alle Reikileute sind per du, sie behandeln einander liebevoll und mit gegenseitigem Respekt. Sie tauschen Erfahrungen aus, meditieren gemeinsam, hören Musik und geben einander Reiki.

Manchmal schicken sie alle gemeinsam Reiki zu den Krisenherden unserer Welt, oder sie senden unserer leidenden, ausgebeuteten, verschmutzten Mutter Erde Licht und unsere Liebe, die sie so dringend braucht, wie jede Mutter auf der Welt die Zuwendung ihrer Kinder benötigt.

Beim Schreiben dieses Buches habe ich, wie immer wenn Reiki im Spiel ist, die Eigendynamik dieser weisen Energie wieder sehr deutlich erfahren. Während der Arbeit habe ich mir selbst regelmäßig Reiki gegeben und hingefühlt, was es mir sagen will. Es muß einen tieferen Sinn geben, warum gerade ich jetzt über Reiki schreibe. Und die Antwort von Reiki kam deutlich: Dieses Buch sollte geschrieben werden, um Reiki von aller mystischen, falschen Einschätzung und der Gleichsetzung mit Worten wie diffus, unrealistisch und übernatürlich zu befreien, und um möglichst viele Menschen zu ermutigen, sich der Reiki-Energie unbefangen und unvoreingenommen zu nähern.

Reiki ist ein für den wissenschaftlichen Intellekt derzeit nicht beweisbares aber für jeden Menschen erfahrbares System, das gestörte Gleichgewicht in uns selbst und damit auf der gesamten Erde zu verbessern oder wiederherzustellen. Reiki ist ein natürliches, offenes und dynamisches System, das den Fluß der Lebenskraft verstärkt und Energie dorthin bringt, wo sie am dringendsten gebraucht wird.

In der momentanen Situation der Menschheit wird die meiste Energie für die Entfaltung unserer spirituellen Anlagen und aller diese Fähigkeiten fördernden Möglichkeiten gebraucht, damit unser Gleichgewicht wiederhergestellt werden kann und wir mit uns selbst und damit mit der ganzen Schöpfung in Harmonie kommen können. Reiki ist ein wunderbares Geschenk, diese gerade heute notwendig gewordene Entwicklung zu beschleunigen. Es ist eine Hilfe zur Selbsthilfe, unsere ganze wahre Natur zu erkennen, zu entwickeln und zu leben!

Im nächsten Kapitel werde ich noch näher darauf eingehen, warum Reiki gerade jetzt so wichtig für uns ist.

Die Welt braucht
Reiki,
denn alles in der Schöpfung
will geliebt werden!

Was bedeutet Reiki für die Menschheit?

Reiki wird manchmal auf eines von vielen alternativen, harmonisierenden Systemen reduziert. Ich sage absichtlich reduziert - denn in Wahrheit handelt in Reiki eine höhere spirituelle Weisheit, die unsere momentanen Erkenntnismöglichkeiten weit übersteigt, die aber erfahren und erlebt werden kann.

Wenn uns manches an Reiki – und das geschieht immer wieder – übernatürlich vorkommt, so nur deshalb, weil wir erst damit beginnen, die Anlagen unserer rechten Gehirnhälfte zu entfalten. Diese Anlagen sind zum Beispiel: Inneres Sehen, Telepathie, Vorausahnungen, Intuition, Imagination, Kommunikation mit feinstofflichen Wesen, große Sensibilität, das Spüren von Energien, Aura-Sichtigkeit, usw.

Diese Fähigkeiten sind nicht übernatürlich. Sie sind ebenso natürlich in uns angelegt wie alle unsere intellektuellen Fähigkeiten. Intellektuelles Können an sich ist weder gut noch schlecht, es entspricht der linken Gehirnhälfte und diese Anlagen haben wir genützt und zu einer großen Reife gebracht. Wir haben damit wirklich Erstaunliches vollbracht, und diese Leistungen werden in unserer Gesellschaft auch zu Recht voll anerkannt.

Unsere beiden Gehirnhälften, um bei einem verständlichen Bild zu bleiben, sind wie zwei Kinder, die beide anerkannt, geliebt, gefördert und erwachsen werden wollen. Und das ist ihr gutes Recht!

Wir aber haben viele Jahrhunderte lang ein Kind, nämlich unsere linke Gehirnhälfte, bevorzugt. Es ist das logisch denkende, intelligente, sich mit aller Macht durchsetzende, starke, männliche Kind. Wir haben es einfach mehr gefördert, und es hat sich daher auch sehr gut entwickelt.

Um das andere aber, das stillere, immer verträumte, intuitive, magische, weibliche Kind, haben wir uns weniger gekümmert. So sind all die wunderbaren Anlagen, die dieses Kind, unsere rechte Gehirnhälfte, in sich trägt, daher teilweise verkümmert und unterentwickelt.

An sich sind alle Fähigkeiten, die wir als Anlagen wie die Keime einer Frucht in uns tragen, gleich wichtig und wert, entfaltet und zur Reife gebracht zu werden. Denn sonst hätten wir sie ja nicht! Es hat keinen Sinn, einzelne Fähigkeiten zu beurteilen oder zu bewerten, oder eine Gehirnhälfte wichtiger zu nehmen als die andere. Das haben wir lange genug getan. Was zu tun ist, ist möglichst rasch wieder ein gesundes Gleichgewicht herzustellen. Dazu müssen wir uns verstärkt den brachliegenden Fähigkeiten unserer rechten Gehirnhälfte zuwenden, sie anerkennen und respektieren als ebenso natürlich wie es für uns schon längst die Fähigkeit zum logischen Denken geworden ist.

Reiki und alles, was damit zusammenhängt, läuft vorwiegend über die Ebene der Gefühle, der Intuition und der inneren Wahrnehmung ab. Es gibt natürlich auch eine intellektuelle Komponente, einen historischen Hintergrund und die Möglichkeit theoretischer Überlegungen. Doch diese allein können der Universalität von Reiki nie gerecht werden. Reiki gibt unserer verschüchterten rechten Gehirnhälfte all das, was sie so dringend braucht: liebevolle Zuwendung, Aufmerksamkeit, Anerkennung und damit die Kraft, sich zu entfalten und zu reifen. Bekommt oder gibt man Reiki, dann „freut" sich die rechte Gehirnhälfte, unser vernachlässigtes Kind, und wird uns mit dem Wachsen und Reifen ihrer Fähigkeiten belohnen!

Das ist der unschätzbar wichtigste Dienst, den Reiki für die gesamte Menschheit und diesen Planeten vollbringt. Denn das Ungleichgewicht ist bereits bedrohlich geworden, und das kann Katastrophen, die wir ja alle schon hautnah spüren, auslösen, die sogar das Ende allen Lebens auf der Erde bedeuten könnten. Doch Reiki hilft uns, den notwendigen Quantensprung in unserer spirituellen Entwicklung zu vollziehen und damit wieder ins nötige Gleichgewicht zu kommen. Irgendwann, dieser Zeitpunkt liegt noch in der ferneren Zukunft, wird die rechte Gehirnhälfte ebenso voll entwickelt sein wie es die linke bei der Mehrheit der Menschen bereits ist. Erst dann haben wir unser ganzes menschliches Potential an Eigenschaften und Fähigkeiten voll erschlossen. Wenn das geschieht – momentan stehen wir am Beginn dieser Entwicklung – wird der Mensch zum intellektuell hochentwickelten Magier, der Dinge vollbringen kann, die wir uns heute noch kaum vorstellen können.

Die Zeit ist nun reif dafür, die Bedeutung der Spiritualität und damit auch die Bedeutung von Reiki für die Zukunft der Menschheit zu erkennen und auch anzuerkennen!

Es ist unser natürliches Geburtsrecht und auch unsere Pflicht, unsere spirituellen Eigenschaften ebenso anzunehmen und zu fördern wie wir unsere intellektuellen Fähigkeiten angenommen und gefördert haben.

Selbstmeisterschaft
ist der Weg der freiwilligen Zurücknahme des Egos
und des bewußten Hervorhebens
des eigenen göttlichen Selbst.
Es ist der Weg vom
ICH WILL hin zum
DEIN WILLE GESCHEHE.
Das ist die wahre Selbstverwirklichung!

Reiki - eine Hilfe auf dem spirituellen Weg, der Meistergrad

Ich nehme etwas vorweg, was ich im Kapitel „Reiki - die Liebe und das Licht“ noch ausführlicher besprechen werde: Reiki-Energie ist eine reine spirituelle Kraft, und deshalb beginnt jeder schon nach den Einweihungen in den ersten Grad durch die Anhebung seiner Energieschwingung schneller auf dem geistigen Weg voranzukommen.

Die Tatsache, die Schwellenangst überwunden und den Mut gefunden zu haben, ein Reikiseminar zu besuchen oder sich die Zeit zu nehmen, sich über Reiki zu informieren, beweist die innerliche Bereitschaft für diese Möglichkeit der schnelleren spirituellen Entwicklung. Ich sage bewußt Möglichkeit, denn wir wissen ja, Reiki läßt jedem einzelnen die Zeit, die er braucht und zwingt zu nichts, wozu er innerlich noch nicht bereit ist.

Es gibt vielleicht Systeme, mit denen man scheinbar schneller vorankommt. Doch Reiki gibt, das ist meine persönliche Überzeugung, die Sicherheit, die genau für mich richtigen Schritte zur richtigen Zeit zu tun. Die spirituellen Stromstöße, die man durch Reikieinweihungen und auch später durch das Geben und Nehmen bekommt, setzen eine tiefgreifende Bewußtseinserweiterung in Gang. Es verändert sich auch manches im täglichen Leben. Man gibt eingefahrene Gewohnheiten auf, beginnt, sich bewußter zu ernähren, hat mehr Freude an Bewegung, am Tanzen oder am Musizieren. Jeder, der sich mit Reiki beschäftigt wird einfach lebendiger!

Die Einweihungen in Reiki drei:

In diesem Seminar werden die ersten drei Symbole vertieft erfahren und noch einmal energetisch übertragen. Zusätzlich erhält der Schüler die Einweihung in das Meistersymbol und das dazugehörige Mantra. Der Reiki-Meister kennt nun alle vier Symbole und kann sie der jeweiligen Situation gemäß anwenden. Mit diesem Wissen kann man nun alle Lebensprozesse fördern und unterstützen. Da Sterben auch ein Teil des Lebens ist, ist Reiki auch eine sanfte Hilfe beim Loslassen des materiellen Körpers.

An dieser Stelle möchte ich kurz auf die spirituelle, also esoterische Bedeutung der Reikisymbole eingehen. Reiki ist universelle Lebensenergie, das heißt, es ist selbst die Kraft, die lebendig macht. Deshalb drücken die vier Symbole die geistigen Muster, die allem Leben innewohnen, aus.

Das erste Symbol drückt die Richtung der Kraft des dauernden Lebensstromes aus. In ihm ist das geistige Muster der stetigen *Weiter- und Höherentwicklung* allen Lebens!

Das zweite Symbol drückt das Streben des Flusses der Lebensenergie nach vereinendem, vollkommenem Gleichgewicht aus. In ihm ist das geistige Muster der *Ganzheit* allen Lebens!

Das dritte Symbol drückt die Kraft der alles Leben verbindenden grenzenlosen Liebe aus. In ihm ist das geistige

Muster der *Grenzenlosigkeit* des Lebens! Deshalb kann man mit diesem Symbol Raum und Zeit überwinden.

Das vierte, das Meistersymbol, durchstrahlt das sich stetig höherentwickelnde, ganze, grenzenlose Leben mit dem lebenserschaffenden und lebenserhaltenden Licht.

Dieses Symbol schwingt in den Energiequalitäten einer sehr hohen Ebene. Es öffnet das Bewußtsein für die Existenz des Göttlichen und verbindet den eigenen innersten Wesenskern, den man als das innere Licht erfahren kann, mit dem göttlichen Licht. Diese tiefe Erfahrung ist möglich, man kann sie aber nicht erzwingen sondern nur zulassen. Sie erweitert das Wahrnehmungsvermögen für die geistige Welt und ist noch einmal ein starker Impuls auf dem individuellen spirituellen Weg.

Dadurch, daß die Schwingung durch die Meistereinweihungen noch einmal erhöht wird, ist es leichter, den Zugang zu feinstofflichen Wesen, Engeln und geistigen Lehrern, deren Energien sehr hoch schwingen, zu bekommen.

Die geistige Welt ist wirklich! Sie unterscheidet sich von der materiellen Welt nur durch ihre höhere Schwingungsfrequenz, und sie ist für uns dann erreichbar, wenn wir unsere Schwingung anheben. Wenn wir das schaffen, wird es einfacher und natürlich mit Engelwesen zu kommunizieren, ihre selbstlose Hilfe anzunehmen und ihre urteilslose Liebe zu fühlen.

Viele Kinder sehen noch ihre feinstofflichen Freunde, die Naturwesen, und sie sehen auch ihre Schutzengel, weil sie von den geistigen Welten noch nicht so weit entfernt sind. Je mehr sie sich in die Welt der Erwachsenen verstricken, desto niedriger und langsamer wird ihre Energieschwingung, und damit verlieren sie diese natürlichen Fähigkeiten. Außerdem werden Kinder dazu aufgefordert, wenn sie von ihren Wahrnehmungen sprechen, keinen Unsinn zu erzählen und keine Lügengeschichten zu erfinden. Damit werden viele Kinder zum Schweigen gebracht und vergessen das, was ihnen schon so nahe war.

Durch Reiki ist es möglich, sich diesen geistigen Welten wieder bewußt anzunähern.

Viele Reiki-Freunde haben übersinnliche – also über das mit unseren Sinnen Wahrnehmbare hinausgehende – Erfahrungen. Manche haben diese schon während einer der Einweihungen, andere nach längerer Beschäftigung mit Reiki. Das ist wirklich so individuell, wie jeder einzelne Mensch eben auch ganz einmalig ist! Diese Steigerung der Wahrnehmungsfähigkeit – ich weise noch einmal darauf hin, weil es eine der Hauptaussagen dieses Buches ist – ist natürlich. Wäre die Möglichkeit dazu nicht in uns allen angelegt, könnte sie sich in keinem einzigen Menschen je entfalten. Und alles, wozu wir unserer Natur nach fähig sind, ist unser aller natürliches, menschliches Erbe und wartet darauf, voll entwickelt zu werden!

Es ist daher nicht ungewöhnlicher oder übernatürlicher mit Geistwesen, Engeln oder Lehrern aus den feinstofflichen Ebenen zu kommunizieren als zum Beispiel Integral- und Differentialrechnungen zu lösen. Niemand würde die höhere Mathematik übernatürlich nennen, obwohl sie einem Kind, das gerade das Einmaleins lernt, unverständlich und deshalb übernatürlich vorkommen wird. Aber durch jahrelanges, fleißiges Üben können wir doch unsere Maturaarbeit lösen und diese „übernatürlichen" Leistungen vollbringen.

Durch die starken Energieschübe, die wir von Reiki immer wieder bekommen, ersparen wir uns einige Jahre an Übung auf dem spirituellen Weg. Diese Möglichkeit für viele Menschen, gerade jetzt auf diesem Gebiet rascher aufzuholen, ist ein unschätzbares Geschenk des Universums an uns.

Mein besonderes Anliegen:

Spirituelle Arbeit ist ebenso ernst und wichtig zu nehmen wie die intellektuelle Arbeit! Deshalb bitte ich darum, jene Menschen, die sich den Zugang zu ihren spirituellen Fähigkeiten bewahrt oder in kleinen, oft mühsamen Schritten erarbeitet haben, auch wirklich ernst zu nehmen. Sie werden immer noch nicht so anerkannt, wie ihnen das eigentlich zusteht! Wir sollten uns bei jedem einzelnen, der auf diesem Gebiet wertvolle Pionierarbeit leistet, bedanken. Zum Glück wird die Bedeutung der spirituellen Arbeit heute zunehmend erkannt.

Viele Menschen entschließen sich, ihrer tiefen Sehnsucht nach Lebenssinn zu folgen. Das ist ein Zeichen für die schon etwas höhere Schwingung des Planeten, in die wir langsam hineinkommen wie in einen anderen Stromkreis. Diese Tatsache macht es zunehmend leichter, den Mut zum ersten Schritt zu entwickeln und wirklich das zu tun, was man eigentlich schon längst tun wollte, nämlich damit zu beginnen, sich mit einem spirituellen System zu befassen.

Um die passende Disziplin zu finden, sollte man auf die „Zufälle", die einem auf dieser Suche begegnen, achten, wie zum Beispiel ein „zufällig" ins Auge stechendes Inserat, ein Gespräch, in dem von einem bestimmten System die Rede ist, oder auf Bücher, die einem „zufallen". Wenn man bereit und offen dafür wird, ergibt sich alles fast wie von selbst. Möge dieses Buch dazu beitragen, daß so mancher Weg vom Reiki-Schüler zum Reiki-Meister beginnt.

Meisterseele

Er ist vollendet.
Seine Augen, Spiegel der Unendlichkeit,
unendliches Verstehen, Güte und Weisheit.

Er ist vollendet.
Sein schweigender Mund braucht keine Worte mehr.
Er selbst ist das ewige Wort,
in dem alles Werden und Vergehen Erlösung findet.

Er ist vollendete, bedingungslose, göttliche Liebe!

Reiki, die Liebe und das Licht!

Man könnte Reiki als unpersönliche Energiequelle ansehen, welche die Materie belebt und auch am Leben erhält, bis sich die Lebensenergie und die Materie wieder trennen. Doch Reiki-Energie wird in der Praxis als eigendynamische, wissende Kraft erfahren und als Liebe und Licht empfunden. Obwohl kein sichtbares Licht aus den Händen strömt, ist ein Gefühl der Wärme und des Fließens da.

Was ist Reiki nun wirklich? Wenn wir uns das fragen, müssen wir uns zuerst mit der Liebe beschäftigen. Was ist Liebe energetisch gesehen? Jeder, der schon einmal verliebt war weiß, daß Liebe ein durch starke Gefühle hervorgerufener Zustand ist, der unsere Schwingungsfrequenz deutlich erhöht. Wir gehen wie auf Wolken, fühlen uns im siebenten Himmel, wir sind deutlich aus dem normalen Energiezustand herausgehoben.

Dieser Zustand veranlaßt uns zu etwas, was wir freiwillig wohl nie tun würden. Wir werden gezwungen, uns mit dem jeweils anderen Pol, zu dem wir uns magisch hingezogen fühlen, auseinanderzusetzen und ihn schließlich in unser Leben zu integrieren. Der materielle Aspekt der Liebe ist der Wunsch nach Arterhaltung und daher auch nach Sexualität und Erotik. Diese körperliche Anziehung zwingt dazu, uns aber auch auf seelischer und geistiger Ebene, was ungleich schwieriger ist, mit dem so ganz anderen Gegenpol zu beschäftigen. Daraus entstehen alle Schwierigkeiten und Leiden in und an unseren Beziehungen.

Wir sind von Natur aus allein dadurch, daß wir entweder als Mann oder als Frau geboren werden, im Ungleichgewicht. Wir drücken durch unser Geschlecht einen bestimmten Pol aus. Die Lernaufgabe, die wir hier auf der polaren Ebene haben, ist, den jeweils anderen Pol körperlich, aber eben auch seelisch und geistig zu integrieren. Ein Mann hat also die Aufgabe, den weiblichen Pol anzunehmen und als Teil seines eigenen Bewußtseins anzuerkennen, bei der Frau ist es umgekehrt.

Es gilt, den Punkt der größtmöglichen Harmonie innerhalb dieses ständigen Ungleichgewichtes zu finden. Dieser Punkt ist unser Herz, unsere körperliche und wie wir schon gehört haben, auch unsere energetische Mitte!

Dieses Vereinen der gegensätzlichen Pole, das ist die schwere Lernaufgabe, die uns die Liebe stellt, und die wir auch nur durch sie und mit ihrer Hilfe erfolgreich lösen können. Das spürt auch jeder Mensch instinktiv und erwartet von der Liebe das große, dauernde Glück!

Solange diese Liebe aber von egoistischen Erwartungen, Vorstellungen, Bedingungen, Macht und Besitzansprüchen abhängig ist, solange das „ich will" mehr oder weniger stark im Vordergrund steht, kann uns die Liebe nicht das erhoffte, dauerhafte, große Glück bringen. Sie wird immer auch mit seelischen Nöten, Mißverständnissen und damit mit Verzweiflung und Enttäuschung verbunden sein. Doch dieses ständige Leiden an der Liebe beendet irgendwann einmal unsere Täuschung, was den meist viel zu begrenzt verstandenen Begriff von Liebe betrifft.

Irgendwann, nach einem langem Erfahrungs- und damit verbundenen Lernprozeß, erkennen wir, daß es noch einen anderen, weiteren Aspekt von Liebe gibt, den man auch leben kann und sollte. Diese Liebe ist eine geistige, die über das persönliche Auswählen - hier liebe ich, dort aber nicht - weit hinausgeht. Es ist eine größere Liebe, die aus dem Herzen kommend zur gesamten Schöpfung ohne Einschränkungen „Ja" sagt. Diese erhöhte, erweiterte Liebe erkennt die Daseinsberechtigung von allem an, was ist. Damit erlöst sie uns, einmal im Herzen verwirklicht, von den selbst geschaffenen Begrenzungen und Ausgrenzungen und dadurch vom Leiden an und durch die Liebe. Es ist dies eine brüderliche Liebe, in der sich aller Egoismus auflöst und die alles, auch Sexualität und Erotik, mit einschließen kann, die aber auch unendlich weit darüberhinausgeht, denn in ihr hat alles, was ist, Platz, auch die Selbstliebe, – da besteht kein Widerspruch, wie es vielleicht oberflächlich betrachtet erscheinen mag! Brüderliche, altruistische Liebe schließt natürlich auch einen selbst mit ein in dem Sinne, alles Notwendige dazu zu tun, um selbst körperlich, seelisch und geistig möglichst ausgeglichen zu sein. Nur dann kann man diese Harmonie auch wirksam nach außen strahlen.

Erst jener Mensch, der die irdische Seite der Liebe mit der spirituellen in seinem Herzen verbunden hat, kann allein schon durch sein Dasein anderen dabei helfen, das auch zu tun.

Diese brüderliche Liebe, die in ihrer höchsten Vollendung göttliche, urteilslose, bedingungslose Liebe ist, heilt die Welt vom Leiden an der Polarität. Wir alle, die wir hier auf der Erde in der Spannung der Pole leben, haben diese Aufgabe nicht oder nicht vollständig gelöst, sonst wären wir nicht auf dieser Ebene des Seins verkörpert! Doch wir sind alle mehr oder weniger erfolgreich auf dem Weg, die Bedeutung der brüderlichen, alles umfassenden und daher alle Gegensätze im Herzen vereinenden Liebe zu erkennen und sie auch zunehmend zu leben!

Diese Aufgabe ist unendlich schwer. Wir alle brauchen Hilfe dabei um nicht daran zu verzweifeln! Die Pole, die es durch die Liebe zu vereinen gilt, sind so unterschiedlich wie Tag und Nacht:

Yin	**Yang**
rechte Gehirnhälfte	linke Gehirnhälfte
weiblich, mondhaft	männlich, sonnenhaft
Fähigkeit zum ganzheitlichen Erfassen	analytisches, logisches Denken
Intuition	Intellekt
emotionale Intelligenz	sachliche Intelligenz
Symbolverständnis	Sprachverständnis
Ebene der Visionen, Ahnungen, Träume	rationales Bewußtsein
Passivität	Aktivität
kein Zeitverständnis	Zeitverständnis

In den letzten Jahrhunderten wurden die Yang-Werte, wie bereits beschrieben, bevorzugt und dadurch auch überschätzt. Das zerstört unser inneres Gleichgewicht und unsere Gesundheit ebenso wie das Gleichgewicht und die Gesundheit der Erde. Das kann und sollte jetzt deutlich erkannt werden! Die ganzheitlichen Anlagen, repräsentiert durch unsere beiden Gehirnhälften, liegen in jedem Menschen. Durch und mit der Kraft der Liebe können wir sie gleichwertig entwickeln und beide Pole vereinen. Jeder Mensch muß das für sich selbst tun. Wir alle haben diese Lernaufgabe in der polaren Welt. Gleichgültig, wie oft diese Aufgabe von anderen schon gelöst worden ist, es muß sie jeder aufs neue für sich selbst lösen. Wir gehen alle den selben Weg vom Ich zum Du.

Wo wir persönlich auf diesem Weg stehen, läßt sich objektiv durch einige Merkmale beurteilen: an dem Grad unserer ehrlichen, lebendigen Anteilnahme und Fürsorge allem Leben gegenüber; an einer gewissen inneren Gelassenheit gegenüber den Wechselfällen des Lebens; an der Abnahme des starken Haftens an materiellen Werten; an der Zuwendung zu den eigenen inneren Werten und an zunehmendem Interesse am spirituellen Lernen und Tun.

In Reiki schwingt die brüderliche Liebe, die auch unsere Schwingung erhöht. Dadurch erfahren wir die Ganzheit des Lebens und der Liebe, wenn wir sie in der Mitte unseres Seins, in unserem Herzen, vereinen. Reiki wirkt auf uns selbst harmonisierend und hilft uns, die brüderliche Liebe zu entwickeln. Es wirkt deshalb auch wohltuend heilend auf unsere gerade heute oft so unharmonischen, leidvoll erfahrenen Beziehungen!

In Reiki ist die Information der brüderlichen, göttlichen, bedingungslosen Liebe!

Yin und Yang
Muttergöttin - Vatergott
in kosmischer Liebe vereint.

Yin und Yang
Gleichklang der Seelen,
Harmonie der Herzschläge.

Yin und Yang
Gleichklang der Atemzüge,
Einheit des Denkens und Fühlens.

Muttergöttin - Vatergott
Alle Schöpfung atmet mit Euch
und alle Herzen schlagen im
Gleichklang
mit Eurem vereinten, unendlich
liebenden Herzen!

Was ist Licht?

Licht hat physikalisch betrachtet zwei Seiten, es hat eine Doppelnatur. Ebenso wie die Liebe auch eine materielle und eine diesen Aspekt einschließenden, aber unendlich weit darüber hinausreichende spirituelle Seite hat. Licht ist als materiell sichtbares Teilchen physikalisch beweisbar, aber ebenso als immaterielle, also unsichtbare, Welle nachgewiesen worden.

Lichtwellen sind also die geistigen Energieschwingungen des Lichtes!

Den materiellen Aspekt des Lichtes, das Sonnenlicht, das Licht des Mondes und der Sterne kennen wir alle. Licht vertreibt immer die Dunkelheit, es ist auf der materiellen Ebene eindeutig die stärkere Kraft. Der sichtbare und erfahrbare materielle Aspekt von Licht ermöglicht durch Sonnenlicht und Wärme das Leben auf der Erde und läßt uns die Schönheit und Vollkommenheit der Schöpfung im vollem Licht sehen!

Licht hat aber ebenso den spirituellen, unsichtbaren Wellenaspekt und damit eine erhellende Wirkung auf unseren erkenntnisfähigen Geist. Diese unsichtbare, spirituelle Kraft des Lichtes hilft uns, alle in uns liegenden Anlagen zum Wachstum und schließlich zur Reife zu bringen, ebenso wie die materielle Sonne alle Samen wachsen, blühen und schließlich reifen läßt. So ist Licht die materiell sichtbare Verbindung zwischen Himmel und Erde und die spirituell unsichtbare Brücke zwischen Mensch und Gott!

In der Reiki-Energie schwingt die Information des geistig erleuchtenden, immateriellen Lichtes.

Es bestätigen sich durch diese tiefergehenden Betrachtungen die drei ganz besonderen Wirkungen, die schon im Kapitel „Was bewirkt Reiki?“ behandelt wurden:

Erstens: Reiki ist immer ein Geben! Wie auch brüderliche Liebe und spirituell erhellendes Licht aus einer ewigen, unerschöpflichen Quelle kommen und existieren, um sich zu geben und selbstlos zu verströmen!

Zweitens: Reiki hilft uns, unsere Energien ins Gleichgewicht zu bringen. Nur durch das vollkommene Gleichgewicht, durch die genau richtige Dosierung von Sonnenlicht und Wärme, wird Leben auf der materiellen Ebene überhaupt erst möglich. Jedes Ungleichgewicht im sensiblen System unserer Erde führt zu Katastrophen und zu Erscheinungen, die letztlich auch unsere eigenen Lebensgrundlagen zerstören.

Ein Beispiel von vielen: Wir sind gerade dabei, das schützende Immunsystem der Erde, die Ozonschicht, zu zerstören. Damit bringen wir uns selbst in große Gefahr, weil dann auch unser eigenes Immunsystem geschädigt wird und uns immer weniger schützen kann. Störungen des Immunsystems sind offensichtlich weltweit im Ansteigen begriffen.

Alles, was wir in der Schöpfung aus dem Gleichgewicht bringen, schadet uns selbst. Wir müssen das aber immer erst am eigenen Leib erfahren, um es wirklich zu begreifen!

Nur die Harmonie von Wärme und Licht schafft die für uns genau richtigen Lebensbedingungen. Zu viel Wärme läßt alles verdorren, zu wenig läßt alles erstarren.

Zu viel Licht können wir auch noch nicht ertragen. Der ständige Blick in die Sonne blendet und würde uns erblinden lassen. Den ewigen Tag könnten wir mit unserem verschatteten Bewußtsein nicht ertragen. Das bedeutet, wir sind dazu noch nicht fähig, im vollen spirituellen Licht des Bewußtseins zu leben. Zu wenig Licht bedeutet eine dauernde Dämmerung. Wir könnten die Schönheit und Vollkommenheit der Schöpfung nicht deutlich sehen und auch in ihr das Gleichnis für die dahinterstehende geistige Ursache nicht erkennen. Wir brauchen für unser Wohlbefinden das Gleichgewicht von Tag und Nacht.

So wie das völlige Gleichgewicht in den äußeren Bedingungen optimale Lebensumstände schafft, so schafft völlige innere Ausgeglichenheit optimale Bedingungen für unser Bewußtsein und unseren erkenntnisfähigen Geist. Reiki hilft, diese optimalen geistigen Bedingungen zu schaffen!

Drittens: Reiki ermöglicht mit den geschaffenen harmonischen Bedingungen erhellende Selbsterkenntnis und bereitet damit die Gotteserkenntnis vor!

Der Weg der Selbsterkenntnis führt tief in die eigene Seele und damit in die Welt der Schatten, die wir nicht in uns haben und sehen wollen. Die eigenen Schattenseiten zu erkennen und ans Licht des Bewußtseins zu bringen, ist schwierig und immer auch schmerzvoll. Doch nur dadurch, daß es uns gelingt, diese Schatten ans Licht zu bringen und als Teil des eigenen Bewußtseins anzuerkennen, erlösen wir sie. Sie sind ans Licht gebracht worden und Licht macht alle Schatten hell!

Diese Arbeit der Selbsterkenntnis ist für jeden Menschen wichtig; für den, der sich mit einer spirituellen Disziplin befaßt, ist sie unerläßlich.

Ich bin ein Teil von jener Kraft,
die stets das Böse will
und doch das Gute schafft!

(Goethe, Faust; Mephisto, der Herr der Schatten)

Das Böse ist in der polaren Welt notwendig, weil nur dadurch die Erfahrung des Guten möglich wird. Ohne die Dunkelheit zu erfahren, können wir das Wunder des Lichtes nicht anerkennen. So wird jeder äußere Kampf gegen das Böse wenig fruchten, solange wir die Schatten in uns selbst nicht ans Licht des Bewußtseins bringen und damit besiegen. Mit Reiki können wir verletzten Anteilen unserer Persönlichkeit, dem *inneren Kind,* dem *inneren Mann,* oder der *inneren Frau* liebende, lichtvolle Energien schicken. Diese Teile von uns brauchen Zuwendung und Anerkennung, um uns auf dem Lebensweg zu unterstützen und nicht zu blockieren.

Deshalb vermindert jeder einzelne, der um ehrliche Selbsterkenntnis bemüht ist, letztlich das Negative in der Welt und strahlt mehr Licht auf die materielle Ebene. Durch die Erfahrungen in der irdischen Schule der Liebe und durch die Kraft des erhellenden geistigen Lichtes, das in unser eigenes Bewußtsein leuchtet, kommen wir unserem inneren göttlichen Licht näher.

In Reiki schwingen die beiden spirituellen Kräfte der brüderlichen, in ihrer Vollkommenheit göttlichen, Liebe und des geistig erleuchtenden Lichtes!

Das Wunder der Schöpfung
drückt die Schönheit und Vollkommenheit
des Schöpfergeistes
in der Welt der Formen aus!

Reiki und das Göttliche

Die materielle Welt ist real, die geistige Welt ist ebenso Realität. Beides sind Aspekte der ganzen Wirklichkeit, wobei der spirituelle Aspekt immer der ursächliche, unendliche ist, der den materiellen, endlichen einschließt. Beide Teile der Wirklichkeit werden von großen, geistigen, ewigen Gesetzen bestimmt und gelenkt. Wir Menschen sollten lernen, den Ursprung der in der Welt wirkenden Naturgesetze in der geistigen Realität zu sehen und zu respektieren. Auch da besteht momentan ein großes Ungleichgewicht. Auf der materiellen Ebene sind alle Gesetze wissenschaftlich erforscht und bewiesen. Die viel größere Bedeutung der geistigen Ebene von der diese großen Gesetze ausgehen, wird von den in der Welt der Materie haftenden Menschen nicht oder nicht genügend gesehen und anerkannt. Diese geistige Welt der Ursachen ist die wahrhaft bedeutende. In ihr liegt der Ursprung der materiellen Welt der Wirkungen.

Im Menschen treffen die materielle und spirituelle Seite der ganzen Wirklichkeit aufeinander. Nur in ihm berührt der Schöpfer sein Geschöpf, das einzige, das fähig ist, sich selbst und damit auch den Schöpfergeist zu erkennen.

In jedem Menschen leuchtet das innere göttliche Licht. Manchem ist es bewußt, oder er erfährt es im Laufe seines

Lebens, vielen ist es nicht deutlich oder überhaupt nicht bewußt! Dieses Göttliche in uns selbst und schließlich in allem, was ist, zu erkennen, es in brüderlicher Liebe zu bejahen und damit auch den alles erschaffenden Schöpfergeist anzunehmen - das ist Spiritualität. Das ist auch der tiefere Sinn, der innere Kern fast aller Weisheitslehren und Religionen. Lassen wir unser eigenes Licht stärker erstrahlen, geben wir damit allen Menschen allein durch unser Dasein und unsere Ausstrahlung die Kraft und den Mut, das auch zu tun!

Die Sehnsucht dazu ist uns als treibende Kraft, die nach Erfüllung strebt, als Keim, in unser Herz gelegt und drängt mehr und mehr nach Entfaltung.

Niemand weiß genau, wer die spirituellen Gesetze, nach denen die Schöpfung arbeitet, als erster erkannt und formuliert hat. Die erste schriftliche Aufzeichnung wird dem von Geheimnissen umgebenen großen Meister Hermes Trismegistos, dem „dreimal großen Boten der Götter", zugeschrieben. Er soll ein ägyptischer, in das geheime innere – also esoterische – Wissen eingeweihter Priester gewesen sein. Die Essenz der geistigen Gesetze, nach denen alle Schöpfung geschieht, hat er als erster in der berühmten Tabula Smaragdina festgehalten. Die Tafel selbst ist im Laufe der Jahrhunderte verschwunden, das Wissen um die kosmischen Gesetze wurde aber bis heute bewahrt.

Es wurde bis vor relativ kurzer Zeit nur von Meistern mündlich an den dazu bereiten, das Wissen bewahrenden, ausgewählten Schüler weitergegeben. Erst in unserer Zeit wird dieses Wissen nicht länger geheimgehalten. Es wird den Menschen wieder zugänglich gemacht, weil die Zeit dazu reif ist, daß es auch verstanden wird.

Diese Gesetze, in eine zeitadäquate Form gebracht, sind:

Erstens: *Das Gesetz der Geistigkeit.*

Alles, was existiert, kommt aus der einen göttlichen Quelle. Es gibt nichts außerhalb dieser von dort ausgehenden Schwingungsenergie, deren Antrieb die reine, selbstlose, göttliche Liebe ist. Das ist die geistige Ursache aller Schöpfung. Der erleuchtende Aspekt des Lichtes macht es prinzipiell jedem Menschen möglich, die geistige Ursache an der materiellen Welt der Wirkungen zu erfahren und zu erkennen.

Zweitens: *Das Gesetz der Entsprechung.*

Das bedeutet, auf einen einfachen Nenner gebracht, „wie oben, so unten", „wie innen, so außen". Deshalb suchen wir uns als geistige Wesen immer die äußeren Bedingungen, die unserem inneren Zustand entsprechen. Wir erschaffen uns damit unsere jeweiligen äußeren Seinszustände selbst.

Drittens: *Das Gesetz der Schwingung.*

Darauf komme ich noch genauer zu sprechen, weil Reiki Energie aus einer höher schwingenden Ebene ist.

Viertens: *Das Gesetz der Polarität.*

Wir sind Gefangene der Zweiheit. Wir leben in der Spannung zwischen den Polen, die uns viele Erfahrungen von Gut und Böse erlaubt und uns daraus Erkenntnisse gewinnen läßt. Der Weg aus der Polarität führt über das Bejahen von allem, was ist. Das heißt, wir müssen die Seinsberechtigung aller Schöpfung und ihrer Geschöpfe anerkennen und auch danach handeln und leben. Der Weg führt vom trennenden „entweder - oder" zum vereinenden „sowohl als auch".

Fünftens: *Das Gesetz des Rhythmus.*

Der Fluß der Lebensenergie hat seine ewigen Rhythmen, der uns Raum und auch die notwendige Zeit gibt für unseren persönlichen Entwicklungszyklus. Dieses Gesetz sagt uns, daß alle einseitigen Entwicklungen, die die Menschheit momentan durchmacht, zum Scheitern verurteilt sind. Das müssen wir einfach einmal klar erkennen, bevor es dazu endgültig zu spät ist!

Sichtbar ist dieses Gesetz in allen Rhythmen der Natur, die wir ja täglich vor Augen haben. Jahreszeiten, die Gezeiten der Meere, die Bedeutung der Mondrhythmen, unser Atem, unser Herzschlag, Leben und Tod, alles das wird von diesem Gesetz bestimmt. Es sagt uns auch deutlich, daß Leben und Tod ebenfalls rhythmische Ereignisse des Lebens sind.

Sechstens: *Das Gesetz von Ursache und Wirkung.*

Dieses Gesetz kennt jedes Kind aus dem täglichen Leben, und doch fällt es uns Menschen schwer zu erkennen, daß es zwar in der materiellen Welt offensichtlich gilt, diese Welt aber selbst wie alle sichtbare Schöpfung eine Wirkung einer geistigen Ursache ist.

Diese geistige Ursache können wir durch die Erfahrungen und den damit verbundenen Lern- und Reifungsprozeß dann erkennen, wenn wir uns selbst dazu bereit gemacht haben.

Da dies ja offensichtlich ein Prozeß ist, der sehr lange Erfahrungen nötig macht, wird jedem von uns diese Zeit auch gewährt. Das geistige Gesetz von Ursache und Wirkung ist der Garant dafür, immer wieder Erfahrungen auf den unserem inneren Bewußtheitszustand entsprechenden Lebensebenen machen zu dürfen, um uns ganz zu entfalten.

Siebentens: *Das Gesetz der Geschlechtlichkeit.*

Das ist für uns, als männlich oder weiblich geborene Menschen, der wichtigste Aspekt des Gesetzes der Polarität. Die Lernaufgabe, vor die uns dieses Gesetz stellt, wurde im Kapitel „Die Liebe und das Licht“ bereits besprochen.

Mit diesem Gesetz setzen wir uns allein durch unser Mann oder Frau sein täglich intensiv auseinander und damit beschäftigen wir uns unbewußt mit allen geistigen Gesetzen. Befassen wir uns aber bewußt und freiwillig näher mit den geistigen Gesetzen, denken wir selbst über ihre tiefere Bedeutung nach, dann wird das Schicksal den Zwang des Lernens mildern.

Der Lernrahmen ist zwar vorgegeben, die Umsetzung, das Tempo, die Bereitschaft zu lernen, das alles entscheiden wir mit unserem freien Willen. Wir können uns jeden Augenblick unseres Lebens frei entscheiden, wie wir denken und handeln. Wie wir auf eine Situation reagieren, das ist so verschieden, wie es der individuelle Bewußtheitszustand jedes einzelnen Menschen ist. Es liegt also die volle Verantwortung für unsere geistige Reife bei uns selbst.

Natürlich ist es für jeden Menschen sehr wichtig, sich noch eingehender mit diesen geistigen Gesetzen zu beschäftigen. Dadurch kann man das eigene Schicksal und die Lernanforderungen, die es an uns stellt, besser verstehen und auch annehmen. Man bekommt mehr Überblick und erkennt intuitiv die großen Zusammenhänge des Lebens und beginnt damit auch die Sinnhaftigkeit von Leben und Tod besser zu verstehen.

Doch dies ist ein Buch über die universelle Lebensenergie Reiki und so interessiert uns in diesem Zusammenhang besonders das Gesetz der Schwingung.

Alles ist Schwingung!

Auch Materie ist Schwingung, denn es gibt nichts außerhalb der von der einen Quelle ausgehenden Energieschwingungen. Doch Materie schwingt mit einer niedrigen, langsamen Frequenz; das ist auch wissenschaftlich bewiesen.

Naturwissenschaftliche Erkenntnisse nähern sich zunehmend den spirituellen Erfahrungen an und kommen immer öfter, obwohl sie von verschiedenen Sichtweisen ausgehen, auf ähnliche Ergebnisse. Je höher die Frequenz der Schwingung, desto geistiger und weniger dicht, also feinstofflicher, wird die Schwingungsebene sein. Alle Schwingungen gehen von der Einheit, der einen schöpferischen, göttlichen Quelle aus. Diese Quelle selbst ist für uns Menschen nicht vorstellbar und auch nicht beschreibbar! Aber wir können den alles erschaffenden, ursächlichen Schöpfergeist durch seine Wirkungen, also durch seine Schöpfungen und damit durch uns selbst erkennen.

Alles in der Welt ist eine versiegelte Botschaft.
Der Wissende entsiegelt das Geheime.
Es wird ihm zur Offenbarung und er wird,
wenn er zu deuten vermag,
aller Weisheit inne.

(Dr. Herbert Fritsche)

Das heißt, wir können uns durch Arbeit an unserem Bewußtsein dazu bereit machen, das Gleichnis Schöpfung zu erkennen und zu deuten.

Ist man innerlich dazu bereit, dann wird die Schöpfung ein wunderbarer Ort der Erkenntnis, durch den man den durch alles leuchtenden göttlichen Geist empfinden und erfahren kann.

Es ist für uns Menschen, die wir uns auf einer sehr dichten, stofflichen Ebene befinden, schwer, mit höher- und höchstschwingenden Ebenen in Resonanz zu gelangen. Mit der sanften, weisen Hilfe von Reiki erhöhen wir stetig unsere Frequenz. Das ermöglicht uns, höhere feinstoffliche Ebenen des Lebens, von denen es außerordentlich viele gibt, leichter zu erreichen. Beschäftigen wir uns länger und intensiver mit der Entfaltung unserer spirituellen Anlagen, dann stellt sich die Frage nach der Existenz des göttlichen Ursprungs nicht mehr. Denn diese Existenz ist ja zwingende Voraussetzung für die in uns befindlichen Anlagen und Sehnsüchte, spirituelle Erfahrungen zu machen und Erkenntnisse daraus zu gewinnen. Wenn es nichts zu erkennen gäbe, brauchten wir diese Anlagen nicht, und es wäre auch vergeblich, an ihrer Entfaltung zu arbeiten. Alle Fähigkeiten, die wir haben, um Schönheit und Vollkommenheit zu erkennen, wären sinnlos ohne die Gewißheit der Existenz der Quelle all dieser Schönheit und Vollkommenheit.

Es stellt sich daher nur die eine Frage: „Wie kann ich mich zur Vollkommenheit göttlicher Qualitäten und Eigenschaften hinentwickeln?" Ihnen näher und nahe zu kommen, das ist die in allen Menschen als Keim angelegte tiefe

Sehnsucht. Und sie ist der Antrieb jedes spirituellen Bemühens und Tuns!

Natürlich gibt es immer wieder Momente des Zweifelns. Es gibt auch viele Menschen, die überhaupt an der Existenz des Göttlichen zweifeln und darum auch in ihrer Suche nach Erfüllung ihrer tiefsten Sehnsüchte viele Irrwege gehen und oft daran verzweifeln.

Wir sind noch sehr der Ebene der Polarität, auf der wir uns nicht grundlos befinden, verhaftet. Doch wenn wir am Göttlichen zweifeln, so zweifeln wir im Grunde an der Berechtigung unserer eigenen tiefsten Sehnsüchte nach Lebenssinn, nach Dauer, nach uneingeschränkter Liebe und an unserem Verlangen nach Gerechtigkeit! In diese Sehnsüchte investieren wir sehr viel Energie, weil sie in uns nach Erfüllung rufen. Da in der gesamten Schöpfung Energien aber sehr kostbar sind und niemals verschwendet werden, muß dieser Energieaufwand sinnvoll, und es müssen damit unsere Sehnsüchte berechtigt und auch erfüllbar sein.

Alles in der Schöpfung hat den Drang nach vorn, nach Evolution und den Zug nach oben, nach Höherentwicklung. Das ist ein geistiges Lebensmuster, das in der gesamten Schöpfung und daher auch in uns Menschen erkennbar und wirksam ist. Vertrauen wir der Berechtigung unserer eigenen Sehnsüchte, so führen sie uns hin zu der Gewißheit der göttlichen Eigenschaften der selbstlosen Liebe, Geduld, Weisheit, der ewigen Dauer und göttlichen Gerechtigkeit.

Damit erfahren wir Vertrauen, daß unsere Sehnsüchte berechtigt sind und auch erfüllt werden können.

Wir sind geistige Wesen, und da Geist Energieschwingung ist, als solche unzerstörbar. Mit dieser Tatsache, als geistiges Wesen unvergänglich zu sein, verbindet sich die Gewißheit der Dauer. Wir haben die Möglichkeit, unzählige Erfahrungen auf den je nach Reife des bewußten Seins verschiedenen Ebenen des Lebens zu machen. Leben ist nie ein statischer Zustand, sondern immer ein dynamisches Geschehen! Ein Geschehen, das alle Sterne und Galaxien des Universums durchdringt, alles bewegt, verändert und spiralförmig höherentwickelt. Leben ist in seiner Ursache ein dynamisches, jeden Augenblick neu entstehendes geistiges Geschehen! Wir sind untrennbarer Teil dieses fortwährenden Prozesses Leben. Die göttliche Gerechtigkeit und alles umfassende Liebe garantiert jedem Wesen, in dem diese Sehnsüchte wurzeln, deren Erfüllung in zunehmender Gottnähe zu erfahren.

In den Weisheitslehren Altindiens, den Upanishaden, steht: „Die Gewißheit der Einheit unseres eigenen geistigen, göttlichen Wesens mit dem einen göttlichen Wesen ist die höchste Erkenntnis, zu der Menschen im momentanen Stadium ihrer geistigen Evolution gelangen können."

Doch auch diese, heute schon vielen Menschen zugängliche grundlegende Erkenntnis ist noch wesentlich steigerungsfähig! Denn unsere geistige Entwicklung ist unendlich, und zwar deshalb, weil das Ziel unserer Weltenwanderungen, die vollendeten göttlichen Qualitäten, selbst unendlich ist.

In diesem Sinne sind wir immer auf dem Weg. So ist auch der oft gebrauchte Satz: „Der Weg ist das Ziel" zu betrachten und zu verstehen. Es ist daher jedem Menschen vergönnt, immer mit der Gewißheit auf eine geistige Zukunft und doch ganz im jeweiligen Augenblick zu leben, so wie wir abends voller Vertrauen einschlafen können in dem sicheren Wissen, daß am nächsten Morgen ein neuer Tag beginnen wird.

Reiki ist Energie aus höheren Schwingungsebenen, gerade so hoch, daß es für sehr viele Menschen jetzt möglich ist, durch die Energieschübe der Einweihungen damit in Kontakt zu kommen. Wenn wir unsere Frequenz durch länger andauerndes, regelmäßiges Anwenden von Reiki, aber auch durch andere Formen der Energiearbeit, weiter anheben, können wir uns auch mit den aus höchsten lichtvollen Ebenen ausgehenden zwölf spirituellen Strahlen des Göttlichen verbinden. Zum Abschluß dieser Betrachtungen möchte ich dem interessierten Leser dazu im folgenden Kapitel noch eine Einführung vermitteln – mehr kann es im Rahmen dieses Buches nicht sein.

Erleuchtet

Dein Blick dringt in die Tiefen der Seelen.
Nichts bleibt verborgen,
alles kommt ans Licht
durch deinen lichten Blick.

Dein Blick dringt in die Mitte der Herzen,
alles Leid schmilzt,
alle Tränen trocknen
durch deinen lichten Blick.

Der durchschaut ohne zu urteilen,
der erhellt ohne zu blenden,
der Liebe erweckt ohne Verlangen.

Wo dein Blick hinfällt
ergeben sich die Schatten
und werden hell.

Die zwölf spirituellen Lichtstrahlen

Das Wissen um die zwölf Strahlen wurde lange Zeit nur von spirituellen Lehrern mündlich an ihre Schüler weitergegeben. Doch es wurde jetzt freigegeben und soll auch verbreitet werden.

Die spirituellen Lichtstrahlen kommen aus dem alles in Liebe vereinenden kosmischen Herzen. In ihnen schwingen die Informationen der vollendeten Eigenschaften und Qualitäten des alles erleuchtenden und in tiefer Liebe umfassenden göttlichen Schöpfergeistes!

Sich zu diesen Eigenschaften hinzuentwickeln und sie letztendlich voll zu entfalten, ist nur dem Menschen, der Erkenntnisfähigkeit und Selbstbewußtheit besitzt, möglich. Nur er ist dazu fähig, Fehler in seinem Verhalten zu erkennen und sie auch zu ändern. Jeder kann an sich arbeiten und lernen, mutiger, ehrlicher, mitfühlender, liebevoller und friedfertiger zu werden. Das ist, ohne die für uns auch notwendige Aneignung von Wissen abwerten zu wollen, das wahre Lernen, das lebenslang andauert und zur Weisheit hinführt! Weisheit ist wieder wie brüderliche Liebe und geistiges Licht, eine alles materielle Wissen einschließende, aber weit darüber hinausreichende spirituelle, göttliche Qualität.

Wir beschäftigen uns in unserer Gesellschaft fast ausschließlich mit Wissen. Die Weisheit hat in unserer Gesellschaft einen viel zu geringen Stellenwert. Sie bedeutet eine ungeheure Überbewertung des materiellen Wissens und somit eine Leiden schaffende Disharmonie.

Was immer wir lernen, denken, fühlen und erfahren, sollte uns letztlich zur geistigen, von göttlichen Qualitäten getragenen Weisheit hinführen. Alles, worauf wir unsere Aufmerksamkeit richten, erhält Energie und wird dadurch die Tendenz haben, sich in unserem Leben zu verwirklichen. Richten wir unsere Aufmerksamkeit durch Visualisieren oder bewußtes Einatmen auf diese leuchtenden Strahlen, werden sich die Eigenschaften, in denen sie schwingen, auch in uns entwickeln und unser geistiges Leben bereichern.

Hat man den zweiten oder dritten Reikigrad, so kann man die Reiki-Symbole in der Farbe jenes spirituellen Lichstrahls visualisieren und anwenden, der die zu stärkenden Eigenschaften repräsentiert. Das verstärkt ihre Wirkung noch zusätzlich durch die aus höchsten Ebenen einfließende Kraft. Dadurch bekommen wir die speziellen Impulse, die wir gerade brauchen. Aber die Reiki-Energie und die aus noch höheren Ebenen kommenden Lichtstrahlen, sind fließende Energien. Sie bringen uns stärker in den lebendigen Fluß des Lebens. Je mehr wir uns diesem lebendigen Energiefluß hingeben und anvertrauen, desto weniger Widerstand, der immer nur in uns selbst ist, werden wir spüren!

Reiki-Symbole in der Farbe Gold visualisiert sind immer zu empfehlen. Das beschleunigt unser geistiges Wachstum und läßt uns Zusammenhänge intuitiv erkennen. Die Symbole in leuchtendem Rosa gesehen, beleben unser Herzzentrum, lassen es offen und weit werden und helfen uns, mit dem Herzen zu sehen. Beschäftigen wir uns intensiver mit den Eigenschaften eines besonderen Strahles, der uns persönlich anspricht, den wir also „brauchen", dann werden diese Eigenschaften in unserem Leben Energie bekommen, sich in uns verstärken und auf unserem Weg bestärken.

Jedem dieser zwölf Strahlen ist astrologisch gesehen ein Sternbild zugeordnet, und der jeweilige Strahl regiert den diesem Sternbild entsprechenden Weltenmonat, der etwa 2100 Jahre dauert. Momentan befinden wir uns im Übergang des zu Ende gehenden Weltenmonats der Fische und am Beginn des Wassermannzeitalters.

Den geistigen Lichtstrahlen dienen Heerscharen von feinstofflichen Wesenheiten, die den jeweiligen Strahl hüten und ihm selbstlos dienen. Sie leisten unschätzbare Dienste, um alle Menschen bei ihrem gerade jetzt lebensnotwendig gewordenen großen geistigen Entwicklungsschritt in die neue Zeitqualität zu unterstützen. Feinstoffliche Wesen, die keinen festen materiellen Körper mehr brauchen, weil ihr Bewußtsein keine Schatten hat, brauchen auch nicht mehr die reale Wärme und das reale Licht. Sie leben in dauerndem, schattenlosem, geistigem Licht der Klarheit und Wahrheit und in der stetigen beglückenden Wärme der spirituellen Liebe!

Je höher die Ebene der Schwingung, in der die Wesenheit beheimatet ist, desto stärker leuchtet das Licht in ihrem Bewußtsein, und desto umfassender ist die Kraft ihrer Liebe.

Auf hohen feinstofflichen Ebenen gibt es viele feine und feinste Farbdifferenzierungen. Wir Menschen sind in unserer gegenwärtigen Entwicklungsstufe noch nicht fähig, dieses gesamte Farbspektrum wahrnehmen zu können. Doch auch wir werden mit Eintritt in eine höhere Schwingungsfrequenz unsere Wahrnehmungsfähigkeit im allgemeinen und für feine Farbnuancen im besonderen steigern. So werden wir mit der Hilfe der feinstofflichen Wesen - natürlich dienen auch der Reiki-Energie unzählige Engelwesen - unsere selbst geschaffenen Begrenzungen zunehmend auflösen und mehr und mehr in die geistige Freiheit und Weisheit hineinwachsen. Allerdings sollten wir, denen das Wissen um die Kraft dieser Strahlen nicht grundlos bekannt wird, uns ihnen auch zuwenden, sie anrufen, um ihre Hilfe bitten und diese auch dankbar annehmen. Gebete und Anrufungen, also Bitten um Hilfe und geistige Unterstützung, verändern unser Bewußtsein und schaffen eine aufnahmebereite innere Haltung, die den Kontakt mit feinstofflichen Ebenen erleichtert. Wenn wir das tun, erkennen wir das Göttliche und seine vollendeten Qualitäten an und damit auch alle geistigen Wesen. Rufen wir sie bewußt an, können sie uns helfen, indem sie uns inspirieren, spontane Einsichten vermitteln, unsere Intuition und Herzensweisheit suggestiv stärken. Sie respektieren immer den freien Willen des Menschen und damit jede seiner Entscheidungen. Auch bei Reiki-Behandlungen - Engel sind Gefühlswesen und werden von der liebevollen Reiki-Atmosphäre angezogen - können sie um ihre heilende, harmonisierende Anwesenheit gebeten werden.

Die spirituellen Lichtstrahlen unterstützen Reiki, weil sie selbstloses, urteilsloses Geben, also bedingungslose Liebe und erleuchtendes Licht in Vollendung repräsentieren. So wird der Schritt in die neue Energiequalität des kommenden Weltenmonats, der wie eine wirkliche Geburt sehr schmerzhaft sein kann, doch etwas leichter werden.

Je mehr Menschen sich gerade jetzt auf ihre spirituellen Fähigkeiten besinnen, diese auch anwenden und sich bewußt mit höheren Kräften verbinden, desto schmerzloser kann diese Geburt sein. Die Verantwortung liegt also auch da wieder bei jedem einzelnen von uns.

Alle Möglichkeiten der praktischen Anwendung, die ich erwähne, können mit allen Strahlen gemacht werden. Visualisieren, Aufbauen eines geistigen Kraftfeldes, das Baden im Licht eines Strahles und die Anrufung der feinstofflichen Hüter des jeweiligen Strahles, sind sehr zu empfehlen. Wir spüren meist intuitiv, welcher Strahl uns oder anderen in einer bestimmten Lebenssituation helfen kann.

Reiki ist in Verbindung mit den Lichtstrahlen eine wunderbare, hilfreiche Kombination, die sehr viel in uns und damit um uns bewegen kann.

Der erste Strahl – Sternbild Löwe

Er schwingt in den Qualitäten Glaube, innere Wahrnehmung, Unterscheidungskraft, göttliche Macht und Schutz.

Die Farbe ist Saphierblau in allen Abstufungen.

Wir können uns einen Heilsee in dieser Farbe vorstellen, in ihn eintauchen und uns ganz mit seiner Heilkraft erfüllen lassen. Visualisieren wir diese Farbe und lenken wir diesen Strahl in unser drittes Auge und von dort in unser Herz-Chakra, erfahren wir tiefe Geborgenheit, inneren Frieden, Stärkung der Gewißheit des Glaubens und das Gefühl für die Einheit und Ewigkeit allen Lebens!

Der saphierblaue Strahl hat eine besonders starke Schutzwirkung. Wir können uns selbst, aber auch unsere Wohnung oder unser Haus mit einem Ring aus blauem Feuer umgeben. Stellen wir uns diesen machtvollen Schutz öfter vor, dann entsteht ein immer stärkeres und sehr wirksames Kraftfeld.

Die Botschaft des ersten Strahles: In jedem Menschen liegen der göttliche Plan und auch die Mittel, sich dieses Plans bewußt zu werden und ihn mehr und mehr durch die Gestaltung unseres Lebens zum Ausdruck zu bringen und zu verwirklichen.

Der zweite Strahl – Sternbild Krebs

Er schwingt in den Eigenschaften Erleuchtung, Weisheit, Verständnis, Treue und Verstärkung des spirituellen Wachstums.

Die Farbe dieses Strahles ist Goldgelb.

Alle Strahlen schwingen in der höchsten Vollkommenheit der repräsentierten Eigenschaften. Lassen wir diesen Strahl in unser Kronen-Chakra und von dort in unser Herz-Chakra fließen, erfahren wir eine zunehmende Aktivierung unseres inneren Lichtes, unserer Herzensflamme. Der goldgelbe Strahl verstärkt unsere Herzensweisheit und damit unsere persönliche Ausstrahlung.

In diesem Strahl ist die Aufforderung, auch unser Licht leuchten zu lassen. Wir geben damit ein Signal für alle Menschen, das ebenfalls zu tun.

Die Botschaft dieses Strahles ist: Wir können unsere Aufmerksamkeit bewußt auf die göttliche Kraft in uns richten. Dadurch wird sie in alles, was wir tun, verstärkt und helfend einströmen.

Der dritte Strahl - Sternbild Zwillinge

Er schwingt in den Energiequalitäten Toleranz, Mitgefühl, Ehrfurcht gegenüber allem Leben und der bedingungslosen göttlichen Liebe.

Die Farbe dieses Strahles ist ein leuchtendes Rosa.

Durch die Visualisieren und das Fließenlassen dieses Strahlenden Rosas in unser Herz-Chakra, verstärken wir die Liebe zu uns selbst, aber auch zu allem, was lebt. Unsere Ausstrahlung wird licht - und liebevoller. Wir fühlen uns lebensfreudiger und lebendiger.

Der rosa Strahl bringt uns immer wieder neue Kraft und Zuversicht und stärkt unser Durchhaltevermögen auf allen Gebieten; denn die reine, spirituelle Liebe ist der Urgrund allen Seins. Sie ist eine magische, wunderbare Gefühlskraft, die auch in jedem Menschenherzen liegt. Lieben ist eine Geisteshaltung, die Achtung und Respekt vor allem Leben zeigt; das ist ein wichtiges Kriterium für den oft falsch verstandenen und mißbrauchten Begriff von Liebe.

Die Botschaft des dritten Strahles lautet: An die Stelle der egoistischen Selbstliebe kann die alle Schöpfung umfassende, selbstlose Liebe treten, die uns selbst mit einschließt. Wir Menschen können das jetzt durch Hilfe aus den geistigen Ebenen verstärkt erkennen und damit den Frieden im eigenen Herzen und in der Welt fördern!

Der vierte Strahl – Sternbild Stier

Er schwingt in den Eigenschaften Reinheit, Aufstieg, Hoffnung, Läuterung, Wiederherstellung, göttliche Vollkommenheit.

Die Farbe ist ein strahlendes, kristallfarbenes Weiß.

Dieser Strahl befreit uns von Energieblockaden und reinigt uns, denn er repräsentiert die unendliche Macht des Lichtes! In ihm ist das gesamte Farbspektrum enthalten und damit ist das der Strahl der göttlichen Vollendung.

Die kristallweiße Flamme lenkt alle niedrig schwingenden Energieströme, die unser Schwingungsfeld herabsetzen könnten, von uns ab und erfüllt uns mit Zuversicht beim Aufstieg auf dem spirituellen Weg. In diesem Licht strahlt das vollkommene, erleuchtete Christusbewußtsein, das im Keim in jedem menschlichen Wesen wachstumsfähig angelegt ist.

Reiki in Verbindung mit dem weißen Strahl hilft uns, zwischen unserem unfertigen und dem vollendeten Christusbewußtsein eine geistige Brücke zu bauen.

Die Botschaft des vierten Strahles: Unsere tiefste Sehnsucht, die Heimkehr ins kristallweiße Licht, das alle Farbnuancen und damit die ganze Fülle des Lebens in sich trägt, wird sich für jeden von uns einmal erfüllen.

Der fünfte Strahl – Sternbild Widder

Er vibriert in den Eigenschaften Konzentrationsfähigkeit, Hingabe, inneres Sehen, Wahrheit und Heilung. Alle Strahlen sind heilend, doch im fünften Strahl sind ganz besondere Heilkräfte.

Die Farbe dieses Strahles: alle Abstufungen von Smaragdgrün mit goldfarbenem Schimmer.

Grün ist die vorherrschende Farbe in der Natur. Deshalb finden wir in ihr und durch ihre Gaben Heilung durch die Kraft der Pflanzen und Kräuter, die Heilkraft des Wassers, der Moore und des Lehms und Schlamms. Aber ebenso finden wir durch die Schönheit der Natur, ihre Farben, ihre Düfte und durch ihr Licht zu innerer Harmonie. In der Natur können Körper, Seele und Geist wieder zueinander finden.

Ruft man den smaragdgrünen Strahl bewußt an, dann wirken Meditationen im Wald oder an einem Ort der Kraft energetisch besonders aufladend. Man fühlt sich erfrischt, gestärkt und wie neu geboren.

Lassen wir diesen Strahl nach vorhergehender Reinigung mit der Farbe Gold durch den Körper fließen, dann spüren wir, wie das heilende Licht jede Zelle durchdringt und erfüllt. Machen wir das regelmäßig in Verbindung mit Reiki, so wird sich das sehr positiv auf unsere Gesundheit und Vitalität auswirken.

An dieser Stelle möchte ich doch kurz darauf hinweisen, daß alle Krankheiten, so wie alles Schicksal, das uns begegnet, einen tieferen Sinn haben und eine ganz persönliche Botschaft in sich tragen. Deshalb gibt es keine völlig identen Schicksale und jeder hat seine bestimmten Krankheiten, die so individuell sind und so einzigartig erlebt und empfunden werden, wie jeder Mensch in seinem Bewußtsein einzigartig ist. Krankheiten und ihre Bewältigung haben auch einen läuternden Effekt auf den Geist oder lösen einen spirituellen Wachstumsschritt aus. Auch schwere Krankheit oder der Tod nahestehender Personen kann diese Wirkung haben. Jede Krankheit sagt etwas darüber aus, was uns in unserem Bewußtsein fehlt und woran wir geistig arbeiten sollen. Die tieferen, wahren Ursachen unserer Leiden und Probleme sind geistiger Natur! Das heißt nicht, daß wir nicht alle Hilfe, die möglich ist, bei ihrer Bewältigung dankbar annehmen sollen!

Die Botschaft des fünften Strahles ist: Heilung ist überall in der Schöpfung, denn die Schöpfung ist heilig!

Der sechste Strahl – Sternbild Fische

Er repräsentiert die Eigenschaften Friedfertigkeit, Heilung, Gnade, Anbetung, selbstloses Dienen, Brüderlichkeit, göttliche Liebe.

Seine Farbe ist Rubinrot mit goldenem Schimmer.

Der sechste Strahl war der führende Strahl des zu Ende gehenden Weltenmonats der Fische, dessen spiritueller Lehrer Jesus Christus ist! Der Strahl der bedingungslosen Liebe, die alles in der gesamten Schöpfung magnetisch verbindet, läßt uns Geborgenheit, Vertrauen und Liebe zum Leben erfahren. Das Gefühl der Getrenntheit, das für unsere Einsamkeit und damit für viel Leid verantwortlich ist, löst sich im leuchtenden Licht dieses Strahles auf. Wir erkennen, daß die Getrenntheit eine Illusion ist und wir können spüren, daß wir im Grunde eins mit allem sind!

Im Friedensevangelium der Essener sagt Jesus Christus: „Sucht den Engel des Friedens in allem, was lebt, in allem, was ihr tut, in jedem Wort, das ihr sprecht. Denn Frieden ist der Schlüssel zu allem Wissen, zu jedem Geheimnis in allem Leben!"

Die elementare Botschaft des sechsten Strahles ist: Liebe deinen Nächsten wie dich selbst.

Jeder Mensch kann in seinem Leben Friedfertigkeit und brüderliche Liebe verwirklichen. Es ist möglich, das von Jesus vorgelebte, vollendete Christusbewußtsein in uns allen zu erwecken und mehr und mehr auch zu leben!

Der siebente Strahl – Sternbild Wassermann

Das ist der führende Lichtstrahl des anbrechenden Weltenmonats. In ihm schwingen die Energien und Eigenschaften Barmherzigkeit, Gnade, Vergebung, Reinigung, geistige Freiheit und Transformation.

Die Farbe diese Lichtstrahles ist ein strahlendes, klares Violett in allen Abstufungen.

Dieser Strahl ist für die jetzt lebende Menschheit besonders wichtig. In ihm schwingt die Kraft, die uns hilft, in und um uns angesammelte Negativität aufzulösen. In diesem violetten Licht verschmelzen Rot und Blau, das bedeutet, die Kräfte der Sexualität vereinen sich mit den Kräften der Spiritualität. Deshalb besitzt das violette Feuer die ungeheuren Energien der Ganzheit. Es ist eine gewaltige, verwandelnde Kraft in ihm, die in besonders schwierigen Zeiten als Zeichen göttlicher Gnade verstärkt einfließt, um unsere notwendige Transformation auf die höhere Schwingungsebene zu beschleunigen.

Wir können das violette Feuer und seine Hüter anrufen und bitten, ihre Tätigkeit zum Wohle allen Lebens zu verstärken. Damit bauen wir starke Kraftfelder auf, die helfen, unseren Planeten von all den gewaltigen Verschmutzungen zu reinigen.

Die Botschaft des violetten Feuers ist: Der göttliche Wille und die Bestimmung allen Lebens ist die Evolution und die Höherentwicklung. Das gilt für die materielle Welt ebenso wie für die spirituelle Ebene.

In naher Zukunft werden viele Menschen sich verstärkt der selbstlosen Hilfe der Engelwesen zuwenden, um die Reinigung und die Erneuerung unserer Mutter Erde gemeinsam zu bewirken. Durch die Beschäftigung mit Reiki und/oder mit den geistigen Lichtstrahlen werden wir zunehmend innerlich bereit, Engel als reale Wesen mit einem hohen Grad an Bewußtheit anzuerkennen und auch zu erkennen.

Woher kommt das Wort Engel? Es gibt die verschiedensten Erklärungen. Die für mich schönste ist die folgende: Der altägyptische Wortstamm Ankh bedeutet Leben. Das bekannte Ankh-Kreuz symbolisiert die ewig fließende Lebenskraft. Es ist damit auch ein uraltes Symbol für Reiki. Die Silbe El bedeutet Gotteslicht. Die altägyptischen Priester, die sich der kosmischen Gesetze und damit der spirituellen Wahrheiten des Lebens bewußt waren, nannten die Engelwesen Ankh-el, also die im Gotteslicht Lebenden. Später hatte das Wort Angelos in der altgriechischen Sprache die Bedeutung Bote oder Gesandter. Hier übertrug sich offenbar die Wortbedeutung auf die Funktion. Die kosmischen Gesetze waren, sind und werden ewig sein, und damit auch die Tatsache der Existenz der feinstofflichen Ebenen und ihrer Bewohner. Sie wirken unanbhängig davon, ob wir Menschen geistig diesen Wahrheiten zu manchen Zeiten näher, zu anderen wieder ferner sind. Gerade jetzt leben wir in einer Zeit, in der wir wieder die Chance bekommen, uns dieser lange nur Eingeweihten zugänglichen Wahrheiten wieder bewußt zu werden. Die Boten, die im Gotteslicht leben, sind bereit, uns dabei wirksam zu unterstützen.

Auch die Zusammenarbeit mit geistigen Lehrern aus den lichten Ebenen wird zu unser aller Wohl zunehmen. Ohne diese Möglichkeiten, die wir mit großer Dankbarkeit annehmen sollten, wäre es unmöglich, die gewaltigen Verschmutzungen und die angesammelte Negativität zu beseitigen. Ohne diese Hilfe wäre das Gleichgewicht der Erde bald total zerstört. Das würde sich in Klimakatastrophen und anderen, das Leben auf der Erde beendenden Ereignissen zeigen.

Danksagung an die Hüter und Diener der Strahlen

Engel,
ihr leuchtenden, vibrierenden Wesen,
ihr schwingt im ewigen Licht der bedingungslosen Liebe!
Engel,
ihr machtvollen, selbstlosen Kräfte,
ihr wirkt als hilfreiche Boten göttlicher Vollkommenheit!
Engel,
ihr lebt in dauernder, schattenloser Klarheit,
und seid umgeben und durchdrungen
von den leuchtenden Lichtstrahlen
göttlicher, vollendeter Eigenschaften.
Euer reines, mächtiges, liebendes Licht
hilft uns, die Dunkelheit zu besiegen
und uns selbst und damit die Welt
zu durchlichten!
Wir nehmen Eure wunderbare Hilfe voll Dankbarkeit an!

Die Energiequalitäten des Weltenmonats des Wassermanns drücken sich nach erfolgter Transformation unserer Schwingungsfrequenz mit Hilfe des siebenten Strahles besonders in den Eigenschaften der fünf neuen spirituellen Strahlen aus. Ihre Hüter sind die Engel der Erneuerung.

Der achte Strahl – Sternbild Steinbock

Er schwingt in den Eigenschaften Unterscheidungskraft, Klarheit, Verstandesschärfe, Würde, Lebendigkeit und Charme.

Die Farbe dieses Strahles ist aquamarinfarben, ein durchsichtiges Hellblau.

Von diesem Strahl lernen wir Unterscheidungskraft. Wir erkennen zunehmend die wirklich wichtigen Werte und lassen uns von den oberflächlichen Dingen des Lebens immer weniger vom Wesentlichen ablenken. Wir erfahren, daß alles, was in der äußeren Welt geschieht, unseren inneren Zustand oft verzerrt oder übersteigert zeigt wie in einem unebenen, schmutzigen Spiegel.

Mensch, denkst du Gott zu schauen
dort oder hier auf Erden,
so muß dein eigenes Herz
zuvor ein reiner Spiegel werden.

(Angelus Silesius)

Dies ist der Strahl, der unsere Selbsterkenntnis und damit eine der besonderen Wirkungen von Reiki sehr unterstützt.

Die Botschaft des achten Strahles: Verändern oder verbessern wir etwas in uns selbst, verändert und verbessert sich damit auch die äußere Welt!

Der neunte Strahl - Sternbild Schütze

Er bringt uns die Eigenschaften Ausgeglichenheit, Harmonie, Festigkeit, Sicherheit und Vertrauen.

Die Farbe ist Magenta (rötlich - violett).

In ihm schwingt der göttliche Aspekt der Harmonie. Dieser Strahl unterstützt Reiki-Behandlungen und Meditationen mit seiner ausgleichenden Energie. Er koordiniert unsere Gehirnhälften und harmonisiert unseren Hormonhaushalt. Wir können von diesem Strahl vollkommenes Vertrauen lernen und die Gewißheit, daß wir geistige Wesen sind.

Er bringt uns inneren Frieden, Ausgeglichenheit und stärkt das Gefühl, in unserer Mitte zu sein. Das bedeutet, im Leben nicht mehr so stark von äußeren Umständen beeinflußt zu werden. Wir lernen, in uns selbst zu ruhen.

Die Botschaft des neunten Strahles: Je mehr wir Gleichgewicht in unserem Herzen verwirklichen, desto mehr werden wir von den Zweifeln und der Verzweiflung an der Welt der Polarität befreit. Fest und voller Vertrauen wachsen wir in die von äußeren Bedingungen unabhängige Freiheit des Geistes hinein.

Der zehnte Strahl - Sternbild Skorpion

Er bringt die Qualitäten der Fülle, des inneren Reichtums, des Gleichgewichtes, des Friedens und der Ruhe auf die materielle Ebene.

Die Farbe dieses Lichtstrahles ist ein leuchtendes Gold.

Wir lieben das goldene Sonnenlicht, das unser Leben auf der Erde möglich macht. Ohne das Licht der Sonne gäbe es kein Wachstum, keine Fülle, also keinen äußeren Reichtum auf unserer Erde.

Der goldene Strahl läßt uns unseren inneren Reichtum spüren. Er verstärkt jede Meditation und auch jede Reiki-Behandlung. Es ist der magische Strahl, der spirituell gesehen Blei zu Gold wandeln kann und uns unseren inneren Reichtum bewußt macht. Er bringt uns ins Gleichgewicht, zentriert uns, schenkt innere Ruhe und tief empfundene Freude. Frieden ist ein Zustand eines Bewußtseins, das bereits alles losgelassen hat, oder jeden Augenblick dazu bereit ist, an nichts mehr festzuhalten.

Die Botschaft dieses Strahles ist: Wir sind für unsere Gedanken und damit für das, was wir mit unserem Sein ausdrücken, voll verantwortlich. Der Sinn des irdischen Lebens ist, Untugenden abzulegen und uns zu den Eigenschaften, die sich in den Informationen der zwölf Strahlen ausdrükken hinzuentwickeln.

Innerer geistiger Reichtum ist unendlich wertvoll, er kann uns nicht genommen und auch durch den physischen Tod nicht zerstört werden!

Der elfte Strahl - Sternbild Waage

Er schwingt in den Eigenschaften Freude, Erfüllung, Glücklichsein, Begeisterung, Enthusiasmus.

Die Farbe dieses Strahles ist aprikosenfarben, ein rötliches Gelb.

Viele Menschen suchen lange Zeit im Außen nach dem Glück. Irgendwann sehen sie ein, daß dieses Glück nicht von Dauer ist und immer ein Rest Sehnsucht unbefriedigt zurückbleibt. Von diesem Strahl lernen wir, uns nach Innen zu wenden. Wir erfahren, daß es nur von uns selbst abhängt, Freude, Begeisterung und Glück zu empfinden und durch unser Leben auch auszudrücken.

Fühlen wir uns einmal mutlos, geistig kraftlos, dann kann dieser Strahl unseren Elan, unsere Begeisterungsfähigkeit wieder beleben. Bitten wir die Hüter dieses Strahles um Hilfe, werden wir inneres Glück und aus uns selbst hervorquellende Freude empfinden.

Die Botschaft des elften Strahles: Unser eigentlicher, gottgewollter Zustand ist der der inneren Freude und des Glücks. Es ist unser Geburtsrecht, glücklich zu sein und uns am Leben zu freuen!

Das Leben ist ein Fest, feiere es.

Der zwölfte Strahl – Sternbild Jungfrau

Die Eigenschaften dieses Strahles sind Verjüngung, Wiedergeburt und Transformation.

Die Farbe ist schillernd opalfarben.

Dieser Strahl hilft uns, die Einheit allen Lebens zu erkennen. Leben und Tod sind die in der Welt der Polarität nur getrennt erfahrbaren Seiten des einen Seins. Diesseits und Jenseits sind unterschiedlich schwingende Lebensebenen. Unser bewußtes Sein wird im Augenblick des Todes von jener Ebene angezogen, die seinem Bewußtheitsgrad und seiner spirituellen Reife entspricht.

So ist jeder Mensch nicht nur für sein Denken und Handeln in der materiellen Welt selbst verantwortlich, er erschafft sich auch die Seinsqualität im Jenseits selbst! Jeder Fortschritt auf dem spirituellen Weg wirkt über den physischen Tod hinaus.

Dies ist auch der Strahl der Wiedergeburt und der Verjüngung. Diese beiden Qualitäten sagen uns deutlich, Leben ist eine fließende Energie und hat keinen Anfang und kein Ende. Es verwandelt sich und manifestiert sich auf vielen Ebenen des Seins.

Das Schillern des opalfarbenen Strahles weist uns einmal auf die sichtbare Seite, dann wieder auf die geistige Seite des Lebens und auf deren steten Wechsel hin. Dieser ständige Wechsel führt spiralförmig auf immer geistigere Ebenen und damit immer näher zu der unsere Sehnsüchte mit Licht und Liebe stillenden göttlichen Quelle, so lange, bis wir alle unsere spirituellen Eigenschaften und intellektuellen Fähigkeiten zu gottgewollter Vollkommenheit entfaltet haben!

Wir sind, um die Herrlichkeit Gottes in uns zu verwirklichen! Das ist die Botschaft des zwölften spirituellen Lichtstrahles.

So steht jedem Menschen die Ganzheit und unendliche Fülle des Lebens offen. Doch wie auf der materiellen Ebene auch, müssen wir auch auf dem geistigen Weg jeden Schritt selbst machen. Wir können und sollen dabei jede Hilfe annehmen und alle Möglichkeiten, die sich uns bieten, nützen. Doch bewegen müssen wir uns selbst. Reiki kann uns eine liebevolle und weise Führung dabei sein!

Es ist interessant zu sehen, daß die Qualitäten der ersten drei neuen Strahlen den drei besonderen Wirkungen von Reiki entsprechen. Dabei ist die Reihenfolge für den sich spirituell entfaltenden Menschen wichtig: der achte Strahl der Selbsterkenntnis fördert das Integrieren der eigenen Schattenthemen. Der neunte Strahl der Harmonie fördert die Ausgeglichenheit von Yin und Yang und damit das Integrieren des jeweils anderen Pols. Der zehnte Strahl des selbstlosen Gebens führt uns, wenn die Ganzheit in uns wächst, zu innerem Reichtum.

Doch auch die beiden letzten der neuen Strahlen zeigen Qualitäten an, die sich aus der Beschäftigung mit Reiki entwickeln. Der elfte Strahl der Erfüllung und des Glücks schenkt und diese Gefühle als Belohnung für bereits geleistete Arbeit an uns selbst. Viele Menschen erfahren durch und mit Reiki eine Steigerung ihrer Begeisterungsfähigkeit und finden eine erfüllende Lebensaufgabe, die sie glücklich macht! Im zwölften Strahl wartet als Ziel die tiefere Erkenntnis der geistigen Gesetze des Lebens auf uns.

Die Aufforderung, die die neue Zeit, deren Geist aus dem siebenten bis zwölften Strahl leuchtet, an die Menschheit richtet, ist folgende: Wir sollen das Wissen um die ewigen geistigen Gesetze des Lebens wiederfinden und auch nach ihnen handeln. Ein Weg dahin ist, sich ganz real mit der wunderbaren Reiki-Energie, die alles lebendig macht, zu beschäftigen! Alle Menschen, die diese Herausforderung annehmen, bauen damit im Geist der Toleranz und Brüderlichkeit an einer neuen, friedlicheren Erde.

Ich hoffe, daß diese Buch dazu beiträgt, jedem einzelnen Leser Mut zu machen, Kraft zu geben und die nötige Begeisterungsfähigkeit, den spirituellen Weg weiterzugehen. Stehenbleiben kann man dabei nicht mehr, so wie man einen

Fluß nicht aufhalten kann, der mit seiner ganzen Kraft dem Meer zustrebt!

„Möge Licht und Liebe euer ganzes Wesen erfüllen."

Dank an die universelle Lebensenergie Reiki

Unsichtbare Engelhände über meinen Händen,
Fließende, liebende Energien
vertreiben Schatten,
verwandeln Schmerzen
und machen heil.

Strömende, stärkende Energien
durchdringen Mauern,
überwinden Grenzen von Zeit und Raum.

Unsichtbare Engelhände über meinen Händen,
machtvolle, wissende, leuchtende Energien,
Ströme voll Liebe,
Kräfte des Lichtes.

Ich danke Euch!

Buchempfehlungen:

Diese Liste ist eine ganz persönliche Auswahl von Büchern, die mir selbst auf meinen Weg geholfen haben.

Rupert Sheldrake, Das Schöpferische Universum, Berlin 1993

Thorwald Dethlefsen, Schicksal als Chance, München 1979

Thorwald Dethlefsen und Rüdiger Dahlke, Krankheit als Weg, München 1983

Rüdiger Dahlke, Krankheit als Sprache der Seele, München 1992

Rüdiger Dahlke, Der Mensch und die Welt sind eins, München 1987

Louise L. Hay, Heile deinen Körper, Freiburg 1989

Louise L. Hay, Wahre Kraft kommt von Innen, Freiburg 1991

Elisabeth Kübler-Ross, Über den Tod und das Leben danach, Silberschnur Verlag, Neuwied 1990

Norman Vincent Peale, Positive Gedanken für jeden Tag, Heyne, München

Ursula Klinger-Raatz, Reiki mit Edelsteinen, Aitrang, 1990

Herbert Fritsche, Der große Holunderbaum, Göttingen 1982

White Eagle, Naturgeister und Engel, Grafing bei München 1993

Musikempfehlungen:

Sandelan
Spiritual Healing, Divine Love, Spiritual Journey

Mike Rowland
Silver Wings, Fairy Ring

Merlin's Magic
Reiki music, Reiki - The light Touch,
Engel – die himmlischen Helfer

Quell der Heilung
Musik für Reiki, Massagen und Entspannungstechniken

Kitharo
Angelic Music

Eric Berglund
Angelic Harp

Eva Lovrek ist Reiki-Meisterin und beschäftigt sich einerseits mit der praktischen Seite der Reiki-Energie, hat sich aber anderseits auch immer tiefer mit den spirituellen Grundlagen befaßt. Darin liegt auch der Schwerpunkt dieses Buches. Jahrelange Beschäftigung mit Umweltschutzthemen und esoterischer Philosophie. Intensive Auseinandersetzung mit den Grundlagen der Theosophie und Anthroposophie. Veröffentlichungen in Umweltschutz- und Esoterikzeitschriften. Buch: *Licht-Zeichen – Spirituelle Texte,* erschienen im Anna Pichler Verlag, Wien 1994.